Warum berufliche Bildung Religion braucht

Reihe: gott-leben-beruf
Schriften des Institutes für berufsorientierte Religionspädagogik Bd. 9
Herausgegeben von Albert Biesinger, Josef Jakobi und Joachim Schmidt

Impressum

Herausgeber
Institut für berufsorientierte
Religionspädagogik
Liebermeisterstraße 12
72076 Tübingen

Albert Biesinger
Josef Jakobi
Joachim Schmidt

© 2008,
Alle Rechte vorbehalten

Gestaltung und Satz
Andrea Braunberger
www.braunberger-viko.de

Herstellung und Verlag
Books on Demand GmbH
Norderstedt
Printed in Germany

ISBN 978-3870-4822-3

Die Deutsche Bibliothek –
CIP-Einheitsaufnahme

Inhaltsverzeichnis

Einleitung

„Berufliche Bildung mit religiöser Kompetenz" – so war der Titel des Kongresses, den das Institut für berufsorientierte Religionspädagogik (IboR) an der Universität Tübingen am 12. 11. 2007 in Mainz veranstaltete. „Berufliche Bildung" – „Kompetenz" – „Religiöse Kompetenz": Damit kartographierte der Kongress eine (Bildungs-)Landschaft, in der junge Menschen eine Berufsausbildung erhalten sollen, die mehr ist als reine Anpassungsqualifizierung. In drei Schritten soll im Folgenden diese Landschaft einführend charakterisiert werden, in denen die Reden und Workshops des Kongresses sich verorten:

1. wird die bildungspolitische Landkarte der beruflichen Bildung als Hintergrundfolie für den Kongressband skizziert,
2. das Verständnis von Kompetenzentwicklung vorgestellt, wie es das IboR-Team versteht, und
3. die Fachbeiträge des Religionsunterrichts an berufsbildenden Schulen zur Kompetenzentwicklung aufgezeigt.

Berufliche Bildung muss sowohl den Ansprüchen der Menschen als auch den Bedürfnissen der Wirtschaft, der Industrie und des Handwerks entsprechen: „Die duale Ausbildung wird nur dann zukunftsfähig sein, wenn für die Berufsschule [einschließlich für die Berufsfachschulen, die Fachoberschule und die beruflichen gymnasialen Oberstufen, Einfügung der Herausgeber] ein klarer, unabdingbarer Bildungsauftrag im Rahmen dieses Systems festgeschrieben wird. Dieser Bildungsauftrag muss auf die theoretisch-fachliche Fundierung, berufsübergreifende Handlungskompetenzen und die Grundlegung für Mobilität in verwandten Berufen abzielen. Die Zielrichtung ist zu beschreiben als Entwicklung der reflexiven Fähigkeit, sich neuen Anforderungen stellen zu können, die nicht aus Routinisierung und Habitualisierung allein bewältigt werden können."[1]

[1] Dr. BEATE SCHEFFLER, Ministerialdirigentin für berufliche Bildung in NRW sowie Vorsitzende des Unterausschusses für berufliche Bildung der Kultusministerkonferenz, KMK und Dr. WOLFGANG KEHL, Bundesvorsitzender des VLW: Weiterentwicklung der beruflichen Bildung, 10 Thesen aus der Sicht der Schulen, These 5, www.vlw.de/ PIK 7/2006.

1. Berufliche Bildung zukunftsfähig und menschenwürdig gestalten

Das Institut für berufsorientierte Religionspädagogik (IboR), arbeitet seit 2002 an der katholischen Fakultät der Universität Tübingen. Sein besonderes Anliegen ist die Entwicklung einer schulformgemäßen Didaktik für den Religionsunterricht an berufsbildenden Schulen in Deutschland. Inzwischen sind dazu erste Produkte erschienen, z. B. das neue auf sechs Bände angelegte Unterrichtswerk mit DVD „SinnVollSinn". Von diesem sind bereits vier Bände erschienen und sie werden im Religionsunterricht an berufsbildenden Schulen zunehmend eingesetzt. In der fachwissenschaftlich und didaktisch ausgelegten Reihe des Instituts „gott-leben-beruf" sind bereits wichtige Bände erschienen. So die Dokumentation der hochrangig besetzten Expertentagung des Instituts zu den Ländermodellprojekten „Religionsunterricht an selbständigen berufsbildenden Schulen"[2] und der Band „Lernfelddidaktik als Herausforderung des Religionsunterrichts an berufsbildenden Schulen"[3], der hochaktuelle Anregungen zur Kooperation und auch Praxisbeispiele enthält.

[2] BIESINGER / JAKOBI / SCHMIDT 2006.

[3] BIESINGER / JAKOBI / KIEẞLING / SCHMIDT 2005.

Seit der Gründung des Instituts wird der Vernetzung von Berufspädagogik und Religionspädagogik besondere Beachtung geschenkt. Diese Vernetzung spiegelt sich besonders wider in den Mitgliedern des „Wissenschaftsbeirates" beim Institut. In den regelmäßigen Arbeitsgesprächen wird der Religionsunterricht innerhalb der Entwicklungen der beruflichen Bildung erörtert.

Die berufliche Bildung hat in Deutschland seit den „Fortbildungsschulen" im 19. Jahrhundert einen sich ständig entwickelnden Werteprozess durchlaufen, der sich auch in Zeiten wachsender internationaler Wirtschaftsverflechtungen fortsetzt europaweit und global. Die zukünftigen Entwicklungslinien zeigt der „Initiativkreis Berufliche Bildung" beim BMBF Berlin beispielsweise mit seinen **„10 Leitlinien zur Modernisierung und Strukturverbesserung der beruflichen Bildung"**[4]. Die „Empfehlungen" wurden von Dr. Annette Schavan, Bundesministerin für Bildung und Forschung, am 16. Juli 2007 vorgestellt.

[4] „10 Leitlinien" unter www.bmbf.de/ikbb.

Die „Zehn Leitlinien" enthalten vier besonders wichtige „Umsetzungsvorschläge" zur Entwicklung beruflicher Bildung. Sie lauten in Auszügen:

Modernisierung / Flexibilisierung
- Neue Qualifikationsanforderungen im Hinblick auf wirtschaftliche Strukturveränderungen ...
- Schaffung einer neuen Ausbildungsstruktur in innovativen Branchen ...
- Flexibilisierung der beruflichen Bildung
- Strukturelle Verbesserung des Berufsbildungssystems / der Entwicklungen von Ausbildungsbausteinen

Durchlässigkeit
- Durchlässigkeit der beruflichen Bildung zum Hochschulbereich
- Gestufte Ausbildungen und Beschäftigungsfähigkeit

Übergangsmanagement

- Verbesserung der Kooperationsstrukturen von beruflichen Schulen und betrieblicher Ausbildung
- Verzahnung und Anrechnung von Vorqualifikationen auf Ausbildung
- Strukturverbesserung der Benachteiligtenförderung

Europäische Öffnung

- Nationale Bildungsreformen im Hinblick auf europäische Entwicklungen (nationaler und europäischer Qualifikationsrahmen, Leistungspunkte und Berufskonzepte)
- Bedeutungsgewinn dualer Ausbildung im europäischen Vergleich
- Ausbau wissenschaftlicher Grundlage für die Berufsbildungspolitik

5 www.vlw.de/positionen: Gemeinsame Stellungnahme von dbb, BLBS und VLW, PIK 05-2007.

Die Verbände des schulischen Bereichs stufen die „10 Leitlinien" des Initiativkreises als „notwendigen Handlungsbedarf" ein, doch melden sie „Klärungsbedarf" an.[5]

Die Verbände heben hervor: „Die Konkurrenz des dualen Ausbildungssystems mit dem Bachelor an Hochschulen stellt ein hohes Risiko für das duale System dar, denn die mögliche Abwanderung leistungsstarker Jugendlicher führt zwar zur gewünschten Steigerung der Hochschulabsolventen, lässt aber gleichzeitig einen erheblichen Bedeutungs- und Ansehensverlust des dualen Systems erwarten". Weiter wird festgestellt: „Text und Geist der Leitlinien sind geprägt von dem Ansatz, das duale System allein aus dem Blickwinkel auf die betriebliche Seite zu lenken". Ungeklärt bleibt zudem „die Frage, wie Modularisierung und Berufsprinzip in der Ausbildung miteinander verknüpft werden können."

In der Debatte zum **„Berufsbildungsreformgesetz"**, das im April 2005 in Kraft getreten ist, wurden die grundlegenden Prinzipien auch für die Weiterentwicklung beruflicher Bildung empfohlen:

- **„Das duale Prinzip** vermittelt durch die Verbindung vom Lernen im Arbeitsprozess und in der Berufsschule wie kein anderes Ausbildungssystem berufliche Lernkompetenzen bei gleichzeitigem Erwerb beruflicher Erfahrung in kompetenter Berufsausübung.
- **Das Berufsprinzip** in breit angelegten bundeseinheitlichen Ausbildungsberufen gibt die Möglichkeit, eine Vielzahl von konkreten beruflichen Tätigkeiten wahrzunehmen.
- **Das Konsensprinzip** gewährleistet durch die möglichst einvernehmliche Erarbeitung der nationalen Ausbildungsstandards ... die Arbeitsmarktnähe, ... und ihre breite Akzeptanz in der Wirtschaft"[6]

6 POHLMANN 2008, S. 109.

Die am beruflichen Bildungssystem interessierten Wirtschaftsverbände haben verschiedene Modernisierungsmodelle vorgestellt (BDA, DIHK, Daimler-Modell der Berufsausbildung). Diesen Modellen ist gemeinsam, dass berufliche Bildung durch „Strukturen der Modularisierung bzw. der Pflichtbausteine und Wahlbausteine" verändert werden soll. So soll eine breite berufliche Handlungskompetenz erreicht werden.

Im Blick auf die Veränderungen der beruflichen Schulen durch **die Ländermodelle „selbständige berufliche Schule"** , wie „eigenständige", „operativ eigenständige", „Selbstverantwortung Plus" oder „ProReKo" Schulen, hat das Institut in seiner Veröffentlichung 2006 auf die vier wesentlichen Aspekte hingewiesen, sie problematisiert und auf positive Handlungsmöglichkeiten aufmerksam gemacht.[7] So besonders auf die veränderten „Entscheidungsstrukturen", die „Profilbildung", die „Flexibilisierung der Unterrichtsorganisation", „Qualitätsentwicklungsziele und Evaluation". Diese liegen in der Verantwortung der einzelnen beruflichen Schule. Da sie auch die Situation des Religionsunterrichts betreffen, verlangen sie von den Verantwortlichen des Fachs eine intensive Begleitung und die Zulassung neuer Wege in der Gestaltung des Religionsunterricht besonders in diesen Ländermodellschulen.

[7] BIESINGER / JAKOBI / SCHMIDT 2006, S. 68-74.

Für ausbildungsfähige **Schülerinnen und Schüler mit eingeschränktem Leistungsniveau** sollten Überlegungen realisiert werden, die kleinere Lerngruppen zulassen, die auch Ausbildungsgänge mit längeren Ausbildungszeiten organisieren, d.h. Bildungsgänge entwickelt werden, die deren Lerntempo beachten und ihnen eine Ausbildung über die Regelzeiten hinaus im dualen System ermöglichen.

Mit dieser bildungspolitischen Landkarte der gegenwärtigen Veränderungsprozesse beruflicher Bildung sind für den Religionsunterricht an berufsbildenden Schulen wichtige Wegmarkierungen angezeigt:

- **Flexibilisierung** der Ausbildungszeiten während der mehrjährigen Ausbildung bedeutet für den Religionsunterricht unter Umständen reduzierte Unterrichtszeit, veränderte Unterrichtsorganisation, Blockzeiten oder auch Unterrichtsausfall.
- **Modularisierung** der Ausbildung in „Pflicht- bzw. Wahlbausteine und freie Arbeitsgemeinschaften" kann für den Religionsunterricht erschwerende Folgen haben: Ungewissheit der Teilnahme, Gewichtung des Faches, didaktische Herausforderungen. Die Modularisierungsanstrengungen müssen die Gleichwertigkeit der Lernorte – Betrieb und Schule – beachten. Eine zusätzliche zeitliche Inanspruchnahme seitens der Betriebe gefährdet den Kompetenzerwerb ei-

ner erstrebten umfassenden Handlungskompetenz und verstärkt ungerechte Strukturen gegenüber den Jugendlichen in nur allgemeinbildenden Sek II Bildungsgängen.

- **Übergangsmanagement** in den Bildungsgängen: Anrechnung von bereits erworbenen Qualifikationen lässt für den Religionsunterricht Fragen offen: Wie werden Elemente des RU in einem Bildungsgang angerechnet, wenn z. B. Schüler, die am Religionsunterricht in der Berufsfachschule teilgenommen haben, danach in den Ausbildungsberuf Informationskaufmann wechseln? Werden sie dort vom Religionsunterricht – wegen der Anrechenbarkeit von vorher erworbenen fachlichen Kenntnissen – freigestellt, damit sie so Zeit für weitere „Bausteine" haben?
- **Durchlässigkeit** soll zu einer verbesserten Beschäftigungsfähigkeit führen. Könnte dies bedeuten, dass dadurch eine schnellere Arbeitsmarktverwertbarkeit und auch eine Verengung der Ausbildung auf rein berufsfachliche Handlungsfähigkeiten erreicht werden soll? Wenn eine Doppelung von Lernprozessen verhindert werden soll, dann muss über diese „vermutete überflüssige Wiederholungen im Lernprozess" intensiv diskutiert werden.[8]

An dieser Wegmarke wird deutlich, dass staatlich und kirchlich Verantwortliche, die für eine subjektorientierte berufliche Bildung eintreten, Wirtschaftsreformern kritisch ansagen, dass eine ganzheitliche berufliche Handlungskompetenz auch einen Mehrwert umfasst. Berufliche Bildung fördert personale, soziale und gesellschaftliche Kompetenzen, die den Schülern auch eine selbstbestimmte gesellschaftliche Teilhabe ermöglichen und sinnvolles Leben entfalten hilft.

Auf dieser skizzierten mobilen bildungspolitischen Landkarte wird im Folgenden die Kompetenzentwicklung in der beruflichen Bildung vorgestellt.

2. Kompetenzentwicklung in der beruflichen Bildung

Eine Religionspädagogik für den berufsbildenden Bereich, die sich anschlussfähig halten will an die aktuellen pädagogischen, insbesondere berufspädagogischen Diskussionen, muss für sich klären, inwieweit sie bereit und in der Lage ist, das Modell eines kompetenzorientierten Unterrichtes – als Standardparadigma der Berufsbildung für sich anzunehmen und neu- und ggf. anders – zu füllen.

Trotz vielfach geäußerter Skepsis, ob der Kompetenzbegriff dazu geeignet ist, alle Facetten abzudecken, die in einem gut gestalteten Religionsunterricht zum Tragen kommen müssen, hat sich die Diskussion um „religiöse Kompetenzen" schon um-

[8] Vgl. Duale Berufsbildung als Schlüssel zu einem wettbewerbsfähigen Europa, Schlussfolgerungen, gemeinsame Tagung des ZDH, BIBB, DGB und des DIHK vom 28. – 29. Januar 2008 „Berufsausbildung findet hier (im dualen System) in realen Arbeitssituationen und lebensechten sozialen Strukturen statt und zielt auf die Förderung arbeitsmarktverwertbarer beruflicher Handlungskompetenz", www.bibb.de.

fangreich mit diesem Thema beschäftigt.[9] Dies ist insofern nicht selbstverständlich als gerade im religionspädagogischen Bereich die Skepsis gegenüber diesem Begriff merklich war und ist. Immer wieder wird darauf hingewiesen, dass der Begriff der Bildung einen Tiefgang besitze, der dem Begriff der Kompetenz abgehe: „Totgesagte leben länger. Andauernd und mit Inbrunst kritisiert, mit großer Leidenschaft angegriffen und immer wieder mit der schlichten Abschaffung bedroht, hält sich der Bildungsbegriff im Diskurs und hält sich in ihm die bunte und durchaus widersprüchliche Vielfalt seiner Herkunft: Er bleibt mit Heilshoffnungen behaftet, die sich dem wirklichen Leben entziehen und doch dieses Leben allererst transzendieren helfen; (…) er benennt Fähigkeiten und Kompetenzen, die nur schwer zu fassen und zu definieren sind, versucht also ein Können sprachlich zu fassen, das sich der genauen Definition entzieht und erinnert so an all das, was sich direkter Schulung und Ausbildung entzieht."[10]

R. Arnold weist allerdings in seiner feinsinnigen Analyse nach, dass diese Kritik zu wenig berücksichtige, welche Diskussionsstränge der Kompetenzbegriff aufweist und in sich vereint, wenn er in der notwendigen Tiefe verstanden wird: So hätte der Begriff „Bildung" in den 70er und 80er Jahren eine doppelte Zuspitzung erfahren: zum einen durch die Qualifizierungsdebatte einen Impuls in Richtung Berufsbezug (und damit auch „Verwertbarkeit") und – fast gegenläufig – eine erneute Besinnung auf die Notwendigkeit der Identitätsbildung. Der berufsbezogene Strang sei seinerseits wiederum vertieft worden durch eine sich vollziehende Wende zur ganzheitlichen Betrachtung in der Berufspädagogik (Baders Begriff der „Handlungskompetenz").[11] Der identitätsbezogene Strang auf der anderen Seite hätte eine zweckorientierte, „utilitaristische" Wende erfahren, die Berufsbezogenheit und Identitätsbezogenheit nicht mehr als reines Gegensatzpaar identifiziere. Ein Konvergenzbegriff beider Stränge bildet der richtig verstandene (und nicht zweckbezogen verkürzte) Begriff der „Kompetenz".

Konkrete Definitionsversuche, was unter dem vieldeutigen Begriff „Kompetenz" zu verstehen sei, sind viele gemacht worden. Im Folgenden soll die Definition von J. Erpenbeck[12] leitend werden, weil seine Ausführungen deutlich machen, warum die Kompetenzentwicklung als Leitperspektive für den Unterricht etwas anderes ist als eine Neuformulierung der alten Diskussion um die Zielorientierung. Erpenbeck geht in seiner Begriffsbeschreibung von Handlungen aus, die ein Mensch in persönlichen und beruflichen Zusammenhängen bewältigen können muss.[13] Dies sind:

- Geistige Handlungen (Problemlösungsprozesse, kreative Denkprozesse, Wertungsprozesse).

[9] Vgl. bspw.: VERHÜLSDONK 2005, S. 191-203; DIE DEUTSCHEN BISCHÖFE 2005; NIPKOW 2005; HEMEL 2000; REIL 2006.

[10] BILDSTEIN 2004, S. 428.

[11] ARNOLD 2002, S. 31.

[12] In den folgenden Begriffsdefinitionen lehnen wir uns immer wieder an J. ERPENBECK an, um eine konsistente Basis für die Ausführungen zu erhalten, da der Kompetenzbegriff je nach Definition in seinen Bedeutungen und Implikationen stark oszilliert. J. Erpenbeck ist Mitglied der „Arbeitsgemeinschaft betriebliche Weiterbildungsforschung" (ABWF) und wissenschaftlicher Mitarbeiter der QUEM (Qualitäts-Entwicklungs-Management), eines Projekts des Bundesministeriums für Bildung und Forschung. Seine anerkannten Forschungsarbeiten besitzen von daher nationale und internationale Bedeutung.

[13] Vgl. im folgenden: ERPENBECK / HEYSE 1999.

- Instrumentelle Handlungen (manuelle Verrichtungen, Arbeitstätigkeiten, Produktionsaufgaben).
- Kommunikative Handlungen (Gespräche, Verkaufstätigkeiten, Selbstdarstellungen).
- Reflexive Handlungen (Selbsteinschätzungen, Selbstveränderungen, neue Selbstkonzeptbildungen).
- Handlungsgesamtheiten (z. B. gesamte Handlungsspektren kreativer Mitarbeiter).

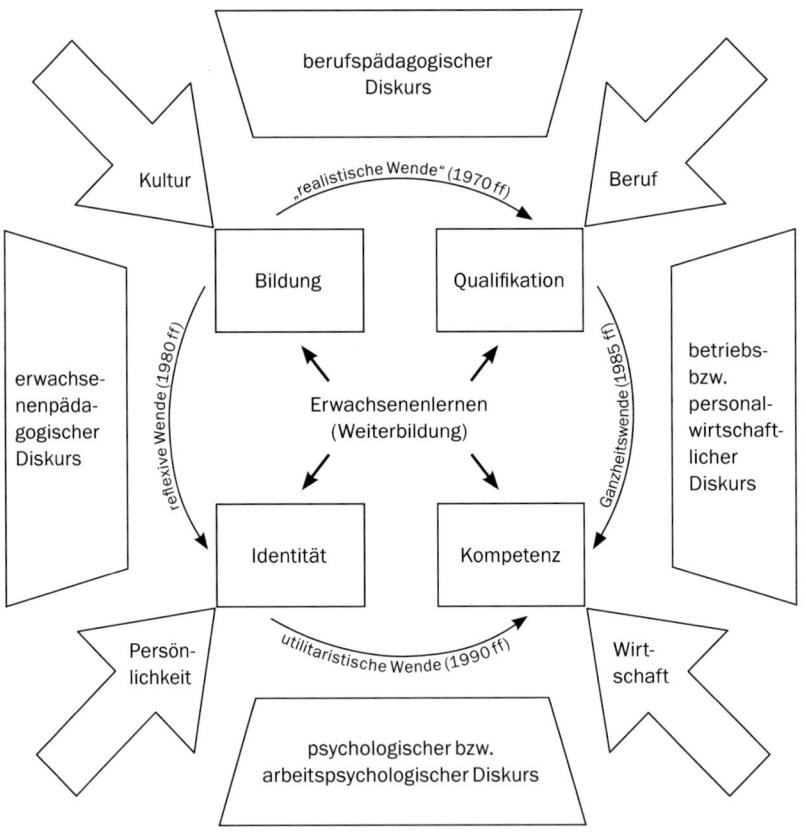

14 ARNOLD 2002, S. 30.

Abbildung: Diskurse zur Weiterbildung nach R. Arnold[14]

Für die Bewältigung dieser Aufgaben stehen dem Einzelnen Dispositionen zur Verfügung, d.h. innere Voraussetzungen: Kenntnisse, Anlagen, Fähigkeiten, Bereitschaften. Als Kompetenzen bezeichnet Erpenbeck dann diejenigen Dispositionen, die es einer Person ermöglichen, die genannten Handlungen selbstorganisiert auszuführen. Kompetenzen sind demnach: „Selbstorganisationsdispositionen des Individuums"[15]. Diese lassen sich in den bekannten Bereichen abbilden als

[15] ERPENBECK / HEYSE 1999, S. 157.

- **Fachlich-methodische Kompetenzen**, d.h. „die Dispositionen einer Person, bei der Lösung von sachlich-gegenständlichen Problemen, geistig und psychisch selbstorganisiert zu handeln, d.h. mit fachlichen und instrumentellen Kenntnissen, Fertigkeiten und Fähigkeiten kreativ Probleme zu lösen, Wissen sinn-orientiert einzuordnen und zu bewerten; das schließt Dispositionen ein, Tätigkeiten, Aufgaben und Lösungen methodisch selbstorganisiert zu gestalten, sowie die Methoden selbst kreativ weiterzuentwickeln."[16]

[16] ERPENBECK / ROSEN-STIEL 2007, S. XVI.

- **Aktivitäts- und umsetzungsorientierte Kompetenzen**, d.h. „die Dispositionen, aktiv und gesamtheitlich selbstorganisiert zu handeln und dieses Handeln auf die Umsetzung von Absichten, Vorhaben und Plänen zu richten – entweder für sich selbst oder auch für andere und mit anderen, im Team, im Unternehmen, in der Organisation. Diese Dispositionen erfassen damit das Vermögen, die eigenen Emotionen, Motivationen, Fähigkeiten und Erfahrungen und alle anderen Kompetenzen – personale, fachlich-methodische und sozial-kommunikative – in die eigenen Willensantriebe zu integrieren und Handlungen erfolgreich zu realisieren."[17]

[17] ERPENBECK / ROSEN-STIEL 2007, S. XVI.

- **Sozialkompetenzen**, d.h. „die Dispositionen, kommunikativ und kooperativ selbstorganisiert zu handeln, d.h. sich mit anderen kreativ auseinander- und zusammenzusetzen, sich gruppen- und beziehungsorientiert zu verhalten, um neue Pläne und Ziele zu entwickeln."[18]

[18] ERPENBECK / HEYSE 1999, S. 157.

- **Personale Kompetenzen**, d.h. „die Dispositionen, reflexiv selbstorganisiert zu handeln, d.h. sich selbst einzuschätzen, produktive Einstellungen, Werthaltungen, Motive und Selbstbilder zu entwickeln, eigene Begabungen, Motivationen, Leistungsvorsätze zu entfalten und sich im Rahmen der Arbeit und außerhalb kreativ zu entwickeln und zu lernen."[19]

[19] ERPENBECK / HEYSE 1999, S. 157.

J. Erpenbeck grenzte sich bei seinem Vortrag auf dem DKV-Berufsschulsymposium 2006 deutlich von einem verkürzten Verständnis von Kompetenzen ab – eine Tatsache, die seine Definition anschlussfähig hält. Für die berufspädagogische wie für die religionspädagogische Debatte: „Kompetenzen sind nicht mit Fertigkeiten, Wissen im engeren Sinne und Qualifikationen gleichzusetzen, obwohl angesichts des Trends hin zur Kompetenzentwicklung oft einfach frühere Qualifikationen in Kompetenzen „umbenannt" werden. Doch im Grunde weiß jeder, dass da ein fundamentaler Unterschied besteht. Kompetenzen als Selbstorganisationsfähigkeiten, als Fähigkeiten, in komplexen, offenen Problemsituationen kreativ zu handeln, sind etwas anderes als Qualifikationen, d.h. erworbene und zertifizierte Lernergebnisse, von einer definierten Anfangssituation zu einer definierten abgeforderten Endsituation zu gelangen. Hochqualifizierte Inkompetente sind das Schreckgespenst jedes Personalverantwortlichen. Die Möglichkeit, mit Hilfe von Kompetenzen offene Problemsituationen kreativ zu bewältigen, liegt genau darin, dass sie Regeln, Werte und Normen als essentielle Bestandteile einschließen."[20]

[20] ERPENBECK 2007, S. 34-51. S. 48.

Werte und Kompetenzen

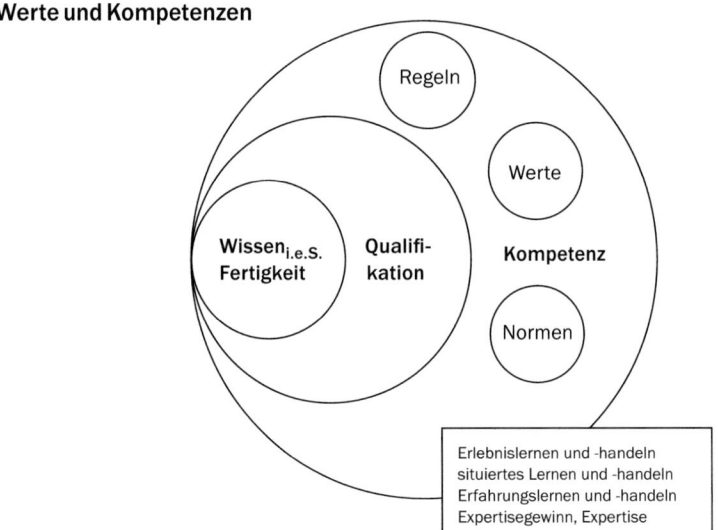

Abbildung: Zusammenhang von Werten und Kompetenzen nach J. Erpenbeck

Zu der Formulierung von Kompetenzen in Bildungsstandards, zu der Frage, welchen „Output" ein Fach nachweisen können soll, gehört unumgänglich auch die Frage nach der **Messung** der Kompetenz. Diese Formulierung aber ist schon in sich irreführend: Kompetenzen als Dispositionen lassen sich nicht messen. Kompetenzen zeigen sich in einem konkreten Handeln – der Performanz – und erst diese lässt sich messen. Hier geraten aber auch die bisher entwickelten Modelle an ihre Grenzen: zwar lassen sich Kompetenzen im Bereich der Fach- und Sachkompetenzen noch relativ leicht messen – schwierig wird es im Bereich der „weichen" Kompetenzen, die im Unterricht wichtig sind. Hierzu gehören Einstellungen, Haltungen, wertebewusste Entscheidungen. Für den Religionsunterricht gehören, zählen bspw. meditative, ästhetische, mystagogische oder diakonische Grundhaltungen dazu.

Hier, das wird man ganz eindeutig sagen müssen, passiert derzeit ein Rückzug auf breiter Front: die Bildungsstandards, die die Kompetenzbereiche konkretisieren sollten, ziehen sich auf sachlich-inhaltliche Regelstandards zurück. Instrumente für die Bearbeitung der anderen Bereiche sind derzeit noch nicht in genügender Weise vorhanden.

3. Religiöse Kompetenz in der beruflichen Bildung

Können die Ausführungen von John Erpenbeck als anerkannte und konsensfähige Grundlage innerhalb der berufspädagogischen Diskussion gelten, so gilt es in einem weiteren Schritt religionspädagogisch danach zu fragen, wie sich religiöse Kompetenzorientierung innerhalb der beruflichen Bildung ausgestaltet. Auch hier ist davon auszugehen, dass jede Beschreibung von Kompetenzen ihren Ausgangspunkt in der Tatsache nimmt, dass Jugendliche in der beruflichen Ausbildung, aber auch in privaten und öffentlichen Lebensbereichen bestimmte Handlungssituationen bewältigen können müssen, die religiöse Dimensionen beinhalten. Für die Bewältigung dieser sinnorientierten und wertehaltigen Handlungssituationen brauchen sie bestimmte Fähigkeiten, Fertigkeiten und ein handlungsleitendes Wissen. Sie benötigen „Dispositionen", um selbstorganisiert handeln zu können: Selbstorganisationsdispositionen[21], insofern diese religiöse Dimensionen besitzen (vgl. die unten stehende Matrix), kann man auch von religiösen Kompetenzen sprechen.

21 Vgl. ERPENBECK / HEYSE 1999, S. 157.

Für die Formulierung religiöser Kompetenzen braucht es also zwei Dimensionen, die miteinander in Verbindung gebracht werden müssen: zum einen eine Beschreibung von Handlungsfeldern, die Schülerinnen und Schüler innerhalb der beruflichen Ausbildung und ihrer Lebenswelt bewältigen müssen; zum anderen eine Beschreibung von Kompetenzdimensionen, die (um mit den bekannten Beschreibungen der berufspädagogischen Diskussion in Verbindung bleiben zu können) mindestens die vier Grunddimensionen von Handlungskompetenz umfassen müssen: personale Kompetenz, Aktivitäts- und umsetzungsorientierte Kompetenz, sozial-kommunikative Kompetenz sowie die Fach- und Methodenkompetenz. Für diese Dimensionen soll im Folgenden ein Vorschlag für eine Matrix gemacht werden, die ausdrücklich als Impuls und Anregung zu verstehen ist und nicht als endgültige Beschreibung religiöser Kompetenzen im berufsbildenden Bereich.

Immer ist für eine kompetenzorientierte Unterrichtsgestaltung der Weg zu beachten, von konkreten Handlungssituationen auszugehen, die die Schülerinnen und Schüler bewältigen müssen und von dort nach den notwendigen Dispositionen zu fragen, die die Schülerinnen und Schüler für die Bewältigung der Handlungssituationen entwickeln müssen. Erst aus dieser Zusammenschau kann sich eine Unterrichtskonzeption ergeben, in der Lernsituationen so gestaltet werden, dass Schülerinnen und Schüler angemessene Dispositionen für ihre religiöse Kompetenzentwicklung eigenständig entwickeln können.

In allen Definitionen findet sich als Ausgangspunkt für die Kompetenzentwicklung die Tatsache, dass sich Menschen immer in Situationen befinden, die sie irgendwie bewältigen müssen. Das angesprochene Umdenken im Bereich einer kompetenzorientierten Didaktik besteht genau in diesem Punkt: der **Ausgangspunkt** für alle Formen der Kompetenzentwicklung ist nicht ein bestimmter Inhalt, den es auf Lebenssituationen hin „anzuwenden" gilt. In der Tat erweist sich das Anwendungsparadigma für berufliche, persönliche und gesellschaftliche Konstellationen als extrem problematisch, geht es doch davon aus, dass soz sagen in der Theorie eine bestimmte Bewältigungsstrategie gelernt werden kann, die es im „richtigen Leben" nur noch anzuwenden gilt.[22]

Ausgangspunkt einer kompetenzorientierten Didaktik sind vielmehr die „**Herausforderungen**", die „**Probleme**" sowie die „**anspruchsvollen Aufgaben**" selbst. Für Schülerinnen und Schüler an berufsbildenden Schulen können diese als Ausgangspunkte in dreifacher Hinsicht differenziert werden:

a) Persönliche Lebenssituationen

Die Schülerinnen und Schüler in berufsbildenden Schulen stehen aufgrund ihres Lebensalters und aufgrund ihrer Lebenssituation als Auszubildende vor elementaren persönlichen Herausforderungen. Die immer stärker werdende Übernahme von persönlicher Verantwortung, sowohl in Rechtsfragen als auch in Geldangelegenheiten, bestimmen das Leben der Schüler. Immer größer werdende Freiräume in privaten und sozialen Lebensbereichen müssen gestaltet werden: dies betrifft sowohl die Ablösung vom Elternhaus, und das Eintreten in neue Gruppenbeziehungen als auch die wachsende Mobilität, besonders durch die Möglichkeit, den Führerschein zu erlangen. Fragen der Partnerschaft und Sexualität stellen sich in wachsendem Maße. Ebenso begegnen den Schülerinnen und Schüler aber auch Situationen von Lebenskrisen und der Begegnung mit dem Tod, beispielsweise angesichts von jugendlichen Suiziden oder den Gefahren durch Motorrad und Auto.

b) Gesellschaftliche Herausforderungen

Schülerinnen und Schüler stehen aufgrund ihrer Religions- und Wahlmündigkeit sowie ihrer Ausbildungssituation auch immer stärker im Schnittfeld verschiedener gesellschaftlicher Herausforderungen. Sie fragen sich, wie sich ihre Wünsche nach Gerechtigkeit, auch nach gerechter Behandlung ihrer eige-

[22] Vgl. hierzu RAUNER / BREMER 2004, S. 151: „Ergebnisse der Expertiseforschung und der berufswissenschaftlichen Qualifikationsforschung haben den Nachweis erbracht, dass berufliche Kompetenzen domänenspezifisch ausgeprägt sind und dass vor allem dem berufsspezifischen praktischen Können eine eigene Qualität zukommt. Das praktische Wissen entspringt danach nicht dem theoretischen Wissen, wie es in der objektivierten Form im System der Wissenschaften vorliegt."

nen Person, mit den Anforderungen des modernen Wettbewerbs in einer glo-
balisierten Welt vereinbaren lassen. Viele Jugendliche in der Berufsausbildung
sind es noch nicht gewohnt, eigenständige Positionen zu beziehen, die es ihnen erlauben, gesellschaftliche Entwicklungen kritisch zu analysieren und
selbstbewusst und mutig zu ihnen Stellung zu nehmen. Es stellen sich Fragen
nach den gesellschaftlichen Kontexten des eigenen beruflichen Erlebens,
Fragen nach der Verteilung von Armut und Reichtum oder der sozialen Gleich-
behandlung. Gesellschaftliche Herausforderungen haben auch Auswirkungen
auf den unmittelbaren privaten Bereich. So lernen die Schüler in der Entwicklung ihrer eigenen Partnerschaften auch Fragen nach sexueller Orientierung
oder der ethischen Brisanz, beispielsweise in Fragen der Gentechnik oder der
pränatalen Diagnostik, neu zu stellen.

c) Berufliche Handlungsanforderungen

In besonderer Weise lernen Jugendliche in der Phase der Spätadoleszenz und
Berufsausbildung aber auch Fragen ihrer Berufsethik und ihrer bisherigen
Lebenseinstellungen neu kennen und gelangen damit vor völlig neue Problemstellungen bezogen auf Lohngerechtigkeit, Mitbeteiligung, Umgang mit
Kollegen unterschiedlicher kultureller Prägungen und Vorgesetzten, Ehrlich-
keit und Engagement, Diebstahl, Materialeinsatz oder –verschwendung, Koa-
litionsrecht, mögliche Arbeitslosigkeit, Unfallgefahren. So stellt sich beispielsweise die grundsätzliche Frage nach dem Umgang mit der Schöpfung, die im
allgemeinbildenden Schulbereich noch relativ generell und inhaltsbezogen
diskutiert werden konnte, sich im beruflichen Kontext neu stellt, wenn Auszubildende dazu aufgefordert werden, offensichtlich giftigen Restmüll unter der
Terrasse eines Hauses zu lagern und zuzumauern.

Ein Religionsunterricht, der das Ziel hat, christlich-religiöse Kompetenzen bei den
Schülerinnen und Schülern zu entwickeln, wird von diesen zu bewältigenden Handlungssituationen seinen Ausgang nehmen müssen und sie darin begleiten wollen.
Von ihnen aus zu denken (und nicht wie gewohnt von den inhaltlichen Strukturen
und Vorgaben) bedeutet einen großen und wichtigen Schritt einer didaktischen
Neugestaltung durch ein Kompetenzkonzept wie es in der unten stehenden Matrix
dargestellt ist.

Die Handlungsformen, die notwendig sind, um verschiedenartige Herausforderungen und Probleme in den drei genannten Bereichen bewältigen zu können, lassen sich gut für die Jugendlichen näher beschreiben:[23]

[23] Vgl. ERPENBECK / HEYSE
1999, S.157.

- Geistige Handlungen: Jugendliche in der Berufsausbildung müssen zu verschiedenen Aspekten ihres beruflichen und privaten Lebens Stellung beziehen, müssen Handlungsalternativen bewerten und sich auch selbst immer wieder auf neue Prozesse einstellen.
- Instrumentelle Handlungen: Jugendliche müssen immer wieder konkret handeln. Dazu brauchen sie Kenntnisse und Fähigkeiten über manuelle Verrichtungen und Arbeitsprozesse, die sie leisten müssen. Dieser Bereich gehört sicher vor allem in den Kontext des Lernortes Betrieb sowie in den Fach- und Werkstattbereich.
- Kommunikative Handlungen: Jugendliche müssen in immer stärkerem Maße auch kommunikatives Können entwickeln, in Verkaufs- und Reklamationsgesprächen, aber auch im Umgang mit Konflikten oder in der Selbstdarstellung beim Bewerbungsverfahren.
- Reflexive Handlungen: Jugendliche Auszubildende brauchen in immer stärkerem Maße zur Bewältigung anstehender Herausforderungen auch die Fähigkeit, sich selbst einzuschätzen, das eigene Selbstkonzept (im Sinne eines Gesamtbildes über sich) immer wieder zu überprüfen und die Bereitschaft, die eigenen Einstellungen, Haltungen, Überzeugungen und das eigene Reden und Handeln miteinander in Übereinstimmung zu bringen.

Welche Rolle spielen dann die Inhalte eines kompetenzorientierten Religionsunterrichts? Die Vorgaben der Kommission für Erziehung und Schule der Deutschen Bischofskonferenz betonen einerseits die berufsorientierte Ausrichtung des Religionsunterrichts an berufsbildenden Schulen und zeigen andererseits thematische Schwerpunkte auf, die Leitfunktion haben: Der Religionsunterricht muss in diesem Sinne „genug berufsausbildungsorientiert sein und sein Profil an der individuellen, sozialen und religiösen Lebenswelt der Schüler; am Leben in der Einen Welt und an sozialethischen Dimensionen von Arbeit, Wirtschaft und Technik; an der schöpfungstheologischen Orientierung der Weltgestaltung; an der lebendigen, befreienden Botschaft des Reiches Gottes in gegenwärtigen Lebenszusammenhängen und an der tröstenden, versöhnenden und heilenden Zusage Jesu Christi zu gewinnen suchen"[24].

24 DIE DEUTSCHEN BISCHÖFE 1993, S. 14.

Diese Inhalte aber sind in einer kompetenzorientierten Unterrichtsplanung nicht als „abzuarbeitende" Lehrpläne zu verstehen, sondern als exemplarische Konkretionen. Kompetenzorientierte Unterrichtsvorbereitung fragt nicht so sehr: „Was muss ich den Schülern vermitteln und an welcher Stelle in ihrer Lebenswirklichkeit lässt sich ein bestimmter Inhalt ›andocken‹?", sondern er fragt: „An welchen Inhalten lassen sich die angestrebten Kompetenzen am besten entwickeln?" Die Lehrkraft gewinnt so deutliche Freiheiten in der Unterrichtsplanung und -gestaltung, da die Schüler dieselben Kompetenzen an verschiedenen Inhalten entwickeln können. Die Inhalte des Grundlagenplanes für den Religionsunterricht an berufsbildenden Schulen geben für den kompetenzorientierten Religionsunterricht wertvolle und wichtige Anregungen.

Wird versucht diese Überlegungen zusammen zu denken, dann gilt es für eine kompetenzorientierte Gestaltung von Religionsunterricht an berufsbildenden Schulen folgende Aspekte in den Blick zu nehmen:

- Ein kompetenzorientierter RU an BBS geht aus von den Handlungsanforderungen im religiösen Kontext, denen Schüler an berufsbildenden Schulen begegnen (können). Diese Handlungsanforderungen sind:
  – biografischer/privater
  – gesellschaftlicher/sozialer
  – berufsbezogener Natur.
- Ein kompetenzorientierter RU an BBS fragt nach den (religiösen) Kompetenzen, die die Schüler brauchen, um diese Anforderungen handelnd bewältigen zu können. Diese Kompetenzen sind ausdifferenziert in
  – personale Kompetenzen
  – aktivitäts- und handlungsbezogene Kompetenzen
  – sozial-kommunikative Kompetenzen
  – fachlich-methodische Kompetenzen
- Ein kompetenzorientierter RU an BBS prüft Inhalte, die geeignet sind, damit Schüler an ihnen ihre Kompetenzentwicklung ausbauen und weiterentwickeln können. Diese Inhaltsauswahl orientiert sich bspw. an den Themen des Grundlagenplans Religionsunterricht für berufsbildende Schulen oder den Lehrplänen/Richtlinien der Bundesländer.

In einer Matrix können die entscheidenden Elemente des kompetenzorientierten Religionsunterrichts an berufsbildenden Schulen wie folgt deutlich gemacht werden:[25]

[25] Die folgenden zentralen religiösen Kompetenzen der Matrix sind auch aufgrund der Analyse vorliegender kompetenzorientierter Länderlehrpläne zum RU an BBS erarbeitet, vgl. Baden-Württemberg 2006, Nordrhein-Westfahlen 2001.

Beispiel für Inhalte: Auf dem Hintergrund der Hiob-Figur das eigene Leben in seinen Brüchen und Schwierigkeiten kennen und deuten lernen.

Beispiel für Inhalte: Christliches Menschenbild und die Realität von Mobbing im Betrieb: Erlernen von Hintergründen und Einüben von konkretem Verhalten, das geprägt ist vom christlichen Doppelgebot.

Grundlegende personale Kompetenz: „Wahrnehmungsfähigkeit für religiöse Phänomene und Bereitschaft zur Auseinandersetzung mit ihnen"	Biographische Dimension: „Bereitschaft und Wille, religiöse Spuren im eigenen Leben zu erkennen und das eigene Leben im Horizont der biblischen Zeugnisse zu deuten."	**Grundlegende Aktivitäts- und Handlungskompetenz:** „Religiös motivierte Handlungsbereitschaft und Fähigkeit zum Handeln"	Biographische Dimension: „Bereitschaft und Wille zur Entwicklung einer erwachsenen Spiritualität und persönlicher religiöser Ausdrucksformen."
Gesellschaftliche Dimension: „Fähigkeit, religiöse Dimensionen von Gesellschaft, Kunst, Medien und Politik wahrzunehmen, gesellschaftliche Entwicklungen kritisch zu analysieren und sie mit den Forderungen nach Frieden, Gerechtigkeit und Bewahrung der Schöpfung zu kontrastieren."	Berufliche Dimension: „Fähigkeit, die erlebte berufliche Realität (Ausbildungsrealität) in ihrer theologischen Würde wahrzunehmen, und die Reich-Gottes-Botschaft als kritisches Korrektiv in die Arbeitswelt einzubringen."	Gesellschaftliche Dimension: „Religiös motivierte Handlungsbereitschaft und Fähigkeit zum Handeln für Andere, insbesondere für die Armen und Marginalisierten der eigenen Gesellschaft und in der Welt."	Berufliche Dimension: „Engagement zum religiös motivierten Handeln innerhalb der eigenen Arbeitsumwelt sowie in Strukturen der Mitbestimmung und Teilhabe."
Grundlegende sozial-kommunikative Kompetenz: „Verständigungswille in religiös-ethischen Fragen und mit Menschen unterschiedlicher religiöser Prägungen"	Biographische Dimension: „Entwicklung eigener Standpunkte und Lebensprinzipien, an denen sich die Auseinandersetzung mit anderen ausrichten kann."	**Grundlegende Fach- und Methodenkompetenz:** „Fähigkeit, religiöse Phänomene, religiöse Sprache und religiöse Zeugnisse zu reflektieren und zu deuten."	Biographische Dimension: „Fähigkeiten im Umgang mit religiösen Texten, Riten und Traditionen, in denen die biographischen Herausforderungen des Lebens thematisiert und gedeutet werden. "
Gesellschaftliche Dimension: „Dialog- und Konfliktfähigkeit in der Auseinandersetzung mit ethischen und religiösen Grundüberzeugungen anderer Kulturen und Religionen."	Berufliche Dimension: „Bereitschaft zur gleichwertigen Beachtung aller Menschen (Ebenbildlichkeit) und zur solidarischen Verständigung in der eigenen Berufsumgebung und Arbeitswelt ."	Gesellschaftliche Dimension: „Wissen und Kenntnisse über religiöse Wurzeln gesellschaftlich-politischer Phänomene und Entwicklungen sowie über religiöse Bilder und Traditionen in der Spiegelung und Brechung durch Kunst und Medien."	Berufliche Dimension: „Fähigkeiten entwickeln, in die berufliche und betriebliche Arbeitswelt Grundprinzipien der christlichen Sozialethik einzubringen und deren Bedeutung für die Ausgestaltung beruflicher Praxis darzustellen."

Beispiel für Inhalte: Bedeutung des Schöpfungsgedankens in den verschiedenen Religionen und seine Auswirkungen für die Anerkennung und Würde des Menschen.

Beispiel für Inhalte: Sonntagsgebot in seiner christlichen Verortung kennen und im Hinblick auf die Forderung nach immer stärkerer Sonntagsarbeit hin beurteilen lernen.

Ausblick

Die hier gemachten Überlegungen zu einem kompetenzorientierten Religionsunterricht an berufsbildenden Schulen wollen eine Anregung zum Weiterdenken auf dem Hintergrund der Kongressbeiträge sein.

Perspektiven eines solchen kompetenzorientierten Religionsunterrichts für berufsbildende Schulen können sein, die Schülerinnen und Schüler

- zu mehr Eigenständigkeit in Auseinandersetzung mit der eigenen und anderen Personen und deren Werteüberzeugungen,
- zu mehr Verständnis, Respekt und Achtung für den anderen,
- zu mehr Engagement aus christlichem Geist im Gestalten der Arbeits-, Betriebs- und Berufswelt, und
- zu mehr schöpfungstheologisch begründeter Nachhaltigkeit im Umgang mit Arbeitsmaterial, Konsum und Ressourcen unserer Erde zu ermutigen.

An vielen Stellen unseres Artikels lassen sich Verknüpfungen zu den einzelnen Vorträgen und Workshopthemen machen: zu den Kompetenzüberlegungen, die Prof. Dr. D. Benner und sein Team erarbeitet und auf dem Kongress vorgestellt haben, zu einer „Theologie der Arbeit" wie sie von Kardinal Lehmann verdeutlicht und zu einer Spiritualität der Lehrkraft, wie sie von Prior Pausch skizziert wurde, ebenso wie zu den Anregungen eines führenden Unternehmers wie sie von M. Werhahn getroffen wurden.

Überall in der Bundesrepublik arbeiten einzelne Schulen und ganze Schulverwaltungen an der Frage, wie sich Religionsunterricht an berufsbildenden Schulen mit der Perspektive der Kompetenzorientierung verbinden lässt. Hierfür sollten der Kongress und der vorliegende Artikel ein Anstoß sein, der hoffentlich viele Diskussionen und kreative Denkprozesse nach sich zieht.

Literatur

ARNOLD, ROLF (2002): Von der Bildung zur Kompetenzentwicklung. Anmerkungen zu einem erwachsenenpädagogischen Perspektivwechsel. In: Literatur- und Forschungsreport Weiterbildung 49 (2002), S. 26-38.

BILDSTEIN, JOHANNES (2004): Bildung – ein altehrwürdiger Grundbegriff und sein anhaltender Charme. In: Bildung und Erziehung 57/4 (2004), S. 415-431.

BIESINGER, ALBERT / JAKOBI, JOSEF / SCHMIDT, JOACHIM (2006), „Selbständige", „eigenverantwortliche" oder „teiautonome" berufsbildende Schulen: Chancen und Herausforderungen für den Religionsunterricht? In: ALBERT BIESINGER / JOSEF JAKOBI / JOACHIM SCHMIDT (Hrsg.): Religionsunterricht an der selbständigen beruflichen Schule – Chancen und Herausforderungen. [gott-leben-beruf, Bd. 6], Norderstedt 2006, S. 68-74.

BIESINGER, ALBERT / JAKOBI, JOSEF / KIESSLING, KLAUS / SCHMIDT, JOACHIM (Hrsg.) (2005): Religionsunterricht an berufsbildenden Schulen. Lernfelddidaktik als Herausforderung, [gott-leben-beruf, Bd. 1], Norderstedt 2005.

DIE DEUTSCHEN BISCHÖFE (2005): Der Religionsunterricht vor neuen Herausforderungen. Hrsg. Vom Sekretariat der Deutschen Bischofskonferenz, [Die deutschen Bischöfe, Bd. 80], Bonn 2005.

Die deutschen Bischöfe – Kommission für Erziehung und Schule (1993): Bildung in Freiheit und Verantwortung. Hrsg. Vom Sekretariat der Deutschen Bischofskonferenz, [Erklärung der Kommission, Bd. 13], Bonn 1993.

ERPENBECK, JOHN (2007): Wissenswahn und Herzensbildung. In: „Kompetente Schüler-Kompetente Lehrer. Kompetenzen und Bildungsstandards im Religionsunterricht. Norderstedt 2007.

ERPENBECK, JOHN / ROSENSTIEL, LUTZ VON (Hrsg.) (2007): Handbuch Kompetenzmessung. Erkennen, verstehen und bewerten von Kompetenzen in der betrieblichen, pädagogischen und psychologischen Praxis, Stuttgart[2] 2007.

ERPENBECK, JOHN / HEYSE, VOLKER (1999): Die Kompetenzbiographie. Strategien der Kompetenzentwicklung durch selbstorganisiertes Lernen und multimediale Kommunikation, Münster/New York/München/Berlin, 1999.

Hemel, Ulrich (2000): Ermutigung zum Leben und Vermittlung religiöser Kompetenz – Ziele des Religionsunterrichts in der postmodernen Gesellschaft, in: Hans-F. Angel (Hrsg.): Tragfähigkeit der Religionspädagogik, [Theologie im kulturellen Dialog, Bd. 4], Graz u.a. 2000, S. 63-76.

NIPKOW, KARL ERNST (2005): Bildungsstandards – Schule – Religion: Wieviel Standardisierung verträgt der Religionsunterricht? In: KARL ERNST NIPKOW: Pädagogik und Religionspädagogik zum neuen Jahrhundert. Bd. 1: Bildungsverständnis im Umbruch. Religionspädagogik im Lebenslauf, Elementarisierung, Gütersloh 2005, S. 110-134.

POHLMANN, HEIKO (2008): Muss die duale Berufsausbildung grundlegend verändert werden? In: Die Berufsbildende Schule (BbSch) 60/4 (2008), S. 107-110.

RAUNER, FELIX / BREMER, RAINER (2004): Bildung im Medium beruflicher Arbeitsprozesse. Die berufspädagogische Entschlüsselung beruflicher Kompetenzen im Konflikt zwischen bildungstheoretischer Normierung und Praxisaffirmation, in: Zeitschrift für Pädagogik 50/2 (2004). S. 149-161.

REIL, ELISABETH (2006): Religiöse Kompetenz – was ist das eigentlich? in: Regensburger RU-Notizen 1 (2006), S. 4-9.

VERHÜLSDONK, ANDREAS (2005): Bildungsstandards im katholischen Religionsunterricht. In: JÜR-GEN REKUS (Hrsg.): Bildungsstandards, Kerncurricula und die Aufgabe der Schule. Münster 2005, S. 191-203.

Prof. Dr. Albert Biesinger
Begrüßungsrede

Prof. Dr. Albert Biesinger:
- Professor für Religionspädagogik und Leiter des Institutes für berufsorientierte Religionspädagogik (IboR) an der Kath.-Theol. Fakultät der Universität Tübingen
- Die Förderung der religiösen Familienerziehung ist ihm ebenso ein großes Anliegen wie die religiöse Begleitung in der Berufsbildung. Er hat die Stiftung „Gottesbeziehung in Familien" gegründet und leitet gemeinsam mit Erich Gliebert StD i.K. die Stiftung „Religion und Berufsbildung"
- Albert Biesinger ist Diakon und Notfallseelsorger

Eminenz, sehr geehrter Herr Kardinal Lehmann, lieber Herr Kollege Benner, lieber Prior Johannes Pausch, verehrte Kolleginnen und Kollegen aus den Ministerien, aus der Wirtschaft, liebe Religionslehrerinnen und Religionslehrer, Studentinnen und Studenten, meine Damen und Herren, ich begrüße Sie zu unserem Kongress „gott-leben-beruf". Seien Sie herzlich willkommen!

„Wer Jugendliche und junge Erwachsene beruflich handlungsfähig machen will, wird auch die religiösen und moralischen Voraussetzungen beruflichen Handelns thematisieren müssen. Er wird nach Werten und Zielen des Lebens, nach der Einstellung zu Arbeit und Erfolg, der Bedeutung von Versagen und Misserfolg (...) fragen und auf diese Fragen Antworten finden müssen."
Dieses Zitat – viele kennen es vielleicht – stammt aus der Rede von Karl Kardinal Lehmann beim 1. Kongress des Institutes für berufsorientierte Religionspädagogik 2004 in Frankfurt.
Es hat nichts von seiner Brisanz und Dringlichkeit verloren – ganz im Gegenteil. Gerade die Entwicklungen auf europäischer Ebene lassen aufhorchen: Hier werden auf der einen Seite Fragen der religiösen Wertebildung – im Angesicht der Geschehnisse des 11. September – vehement gestellt, auf der anderen Seite scheinen die Vorschläge für eine europaweite Anpassung der beruflichen Bildung eher auf eine Stärkung der bloßen „employability" im Sinne von Arbeitsfähigkeit hinauszulaufen, ohne die wertebezogene und religiöse Persönlichkeitsbildung der Auszubildenden in den Blick zu nehmen.

Auch „innenpolitisch" stellt sich uns die Entwicklung hin zu immer selbständiger agierenden beruflichen Schulen vor neue Herausforderungen. Religionslehrkräfte müssen immer mehr auch als Anwälte und Anwältinnen des Faches vor Ort in der Schule wirken – sei es bei Stellenbesetzungen und Prioritäten bei Deputatszuteilungen oder der Genehmigung und Finanzierung von Weiterbildungen.

Schließlich sind die didaktischen Implikationen einzuholen, die die Lernfeldkonzeption uns Religionspädagogen abfordert. Je weiter hier die Entwicklungen in anderen Fächern laufen, desto mehr müssen wir uns der Frage stellen, wie wir uns – in konstruktiver-kritischer Zustimmung und Abgrenzung – dazu verhalten sollen.

In berufsbildenden Schulen haben wir es mit Jugendlichen zu tun, die in der konkreten Berufsbildung mit ihren Sinnfragen in neue Herausforderungen hinein geraten. Sie leben in einer Gesellschaft, in der Religion neue Bedeutung erhält. Religion ist ein Zukunftsthema. Schritt für Schritt merkt auch unsere Gesellschaft, dass dies so ist. Als ich vor 15 Jahren auf Kongressen davon geredet habe, wurde ich manchmal mit ungläubigem Staunen angeschaut. Nicht zuletzt die interreligiösen Herausforderungen, die unserer Gesellschaft aufgegeben sind, machen eine kompetentere religiöse Bildung für die nachwachsende Generation erforderlich.

In Berufsbildungszentren sagen muslimische Jugendliche: „Was, du glaubst nicht an Gott? An Gott muss man glauben." Oder ein 17-jähriger muslimischer Jugendlicher zu einer Klassenkameradin „Du Christenhure". Wir haben es mit Situationen zu tun, die vor zwanzig Jahren noch nicht einmal im Ansatz vorstellbar waren. Für die christlichen Jugendlichen wird es immer wichtiger, den eigenen religiösen Weg kompetenter zu verstehen, die eigenen religiösen Vorstellungen präziser zu kommunizieren und vor allem auch auf gleicher Augenhöhe auskunftsfähiger zu werden.

> Die Religionspädagogik steht ganz eindeutig vor einem Paradigmenwechsel. Wir haben noch mehr als früher interreligiöse Dialogfähigkeit, die Kompetenz, sich religiös auch inhaltlich präziser zu behaupten und zu verständigen, anzustreben.

Wenn wir wollen, dass sich unsere nachwachsende Generation nicht eines Tages feindlich gegenübersteht und – hoffentlich bei uns nicht eines Tages auch die Straßen brennen – dann müssen wir jetzt entschieden und offensiv, mit viel Engagement und Empathie, aber auch mit klarem, aufrechten Gang die religiöse Bildung an unseren berufsbildenden Zentren hochfahren und nicht – wie so manche gesellschaftliche Gruppe meint – zurückfahren. Dieses würde sich in spätestens einer Generation bitter rächen.

Diese und viele andere Fragen sollen auf diesem Kongress gestellt – und zumindest ansatzweise beantwortet – werden. Ich freue mich sehr, dazu die Hauptredner des heutigen Tages begrüßen zu dürfen.

Wir wissen es sehr zu schätzen, dass sich Karl Kardinal Lehmann als jahrzehntelang ausgewiesener Begleiter von Religionslehrern und Religionslehrerinnen für diese Begegnung mit uns Zeit nimmt. Als langjähriger Theologieprofessor und Bischof erschließt er uns zentrale theologische Perspektiven für den Theorie-Praxis-

1.

Zusammenhang des Religionsunterrichts an berufsbildenden Schulen, aber auch im Blick auf die alltäglichen beruflichen Zusammenhänge.
„Christsein im Beruf" ist Schritt für Schritt (wieder) zu entdecken – gerade auch im Zeitalter der Globalisierung.

Prof. Dr. Dietrich Benner von der Humboldt-Universität Berlin wird uns Einblick in sehr spannende Forschungsprojekte geben und mit uns die Frage: „**Gotteserfahrung und Religiöse Bildung als Domäne des öffentlichen Religionsunterrichts**" erörtern.

„Ohne Lernen geht nichts" – unter diesem Titel sind wir gespannt, was uns der Klostergründer und Benediktiner-Prior Dr. Johannes Pausch vom Europakloster Gut Aich bei Salzburg aus seiner Tradition mitgeben wird.
Ora et labora als Weisung für berufliche Bildung!

In Herrn Dr. Michael Werhahn von der „Wilhelm Werhahn KG" haben wir einen weltweit agierenden Unternehmer gewinnen können, der hohe Verantwortung im Hinblick auf sein Unternehmen realisiert und davon ausgehend die Herausforderungen einer werteorientierten beruflichen Bildung reflektieren kann.

Die Workshops am Mittag schließlich werden eine Vielzahl an Aspekten eröffnen, die wir hier gar nicht alle aufzählen können. Allen, die sich hierfür engagiert haben, sei an dieser Stelle schon Dank gesagt.

Wir alle, die wir heute hier sind, setzen damit ein gemeinsames Zeichen, das sehr hoch einzuschätzen ist. Dieser Kongress ist auch eine „Demonstration" dafür, dass wir innerhalb der beruflichen Bildung selbstbewusst auch die religiösen Interessen der Jugendlichen einbringen.
Dieser Kongress hier in Mainz ist auch die geeignete Situation um all denen zu danken, die seit Jahren die Weiterentwicklung des Religionsunterrichtes an berufsbildenden Schulen nicht nur durch große Worte, sondern durch Taten und eindeutige Optionen unterstützen. Ich danke Karl Kardinal Lehmann und der deutschen Bischofskonferenz für die Initiative zur Gründung dieses Institutes für berufsorientierte Religionspädagogik. Bei unserem letzten Kongress in Frankfurt St. Georgen sagten Sie, lieber Herr Kardinal, dass die Kirche sich für Neugeborene und Kinder sehr einsetze. Immerhin kommt das Institut für berufsorientierte Religionspädagogik – gegründet 2002 – bald in die Grundschule und hat noch einen weiteren Entwicklungsschub zu bewältigen.

Ausdrücklich danke ich dem Ministerium für Kultus, Jugend und Sport sowie dem

Wissenschaftsministerium des Landes Baden-Württemberg. Beide Ministerien haben dieses Institut mitgegründet und unterstützen es ideell und finanziell in der Verlängerung mit neuen Projekten und Anliegen. Herr Ministerialdirigent Klaus Lorenz und sein Kollege Uli Liebler leiten hier sogar einen Workshop!

Unsere katholisch-theologische Fakultät an der Universität Tübingen hat sich die Anliegen der berufsorientierten Religionspädagogik mit hohem Engagement und Sympathie zu Eigen gemacht. Wir haben in diesem Zusammenhang dem Rektorat unserer Universität zu danken, das mit seinen Möglichkeiten dieses Institut und damit auch Sie, liebe Teilnehmerinnen und Teilnehmer dieses Kongresses, unterstützt.

Der Bischof von Rottenburg-Stuttgart Herr Gebhard Fürst, hat die Stiftung „Religion und Berufsbildung" gegründet, und mit 200.000 € ausgestattet. Durch die Arbeit dieser Stiftung sollen die Anliegen der berufsorientierten Religionspädagogik in die Zukunft hinein begleitet und abgesichert werden. Immer noch sind wir dabei, das Stiftungskapital so weit zu erhöhen, dass wir auch in ungewisseren finanziellen Zeiten an diesem Thema weiterarbeiten können.

Und diese Weiterarbeit faltet sich in einer Vielzahl von Themen auf:

Das Institut für berufsorientierte Religionspädagogik plant als eines der nächsten Projekte eine intensive Unterrichtsforschung. Wir entwickeln und testen Unterrichtsmodule, die zu einem vertieften Verständnis des christlichen Glaubens führen und gleichzeitig auch den darin gründenden interreligiösen Kompetenzerwerb intensivieren.

Die Qualität von Religionsunterricht an berufsbildenden Schulen steht – wie andere Unterrichte – zur Debatte und wir wollen zu mehr gesicherten Erkenntnissen kommen, in welcher Qualität wir Fortschritte im Blick auf religiöse und interreligiöse Kompetenzen erreichen können.

Das zweite – ein Großprojekt –, das wir mit dem Bundesministerium für Wissenschaft und Forschung in Berlin derzeit diskutieren dient der interreligiösen Bildung von Ausbildern in der Wirtschaft. Immer mehr zeigt sich, dass auch in der betrieblichen Ausbildung religiöse und interreligiöse Basiskompetenzen entwickelt werden müssen.

Derzeit werden mit Betrieben bereits Absprachen getroffen, wie ein solch breit angelegtes Qualifikationsprogramm für solche Ausbilderinnen und Ausbilder im Blick auch auf interreligiöse Verständigung realisiert werden kann. Unser Institut hat diese Idee entwickelt und wir freuen uns sehr, auf eine so deutliche Resonanz zu stoßen.

1.

Das Institut für berufsorientierte Religionspädagogik versteht sich auch als Wegbegleiter der wichtigen Arbeit, die Sie als Religionslehrerinnen und -lehrer an beruflichen Schulen tun. Wir sind umgekehrt darauf angewiesen, dass Sie auch Wegbegleiter und Unterstützer unserer Arbeit sind. Nur dann können wir synergetisch
weiterhin eine Dynamik entwickeln, die – gegen Resignation – den Anspruch und
die Vision des Christentums in unserer Gesellschaft kreativ und offensiv nach vor-
ne diskutiert und praktiziert.

Ich wünsche Ihnen und mir einen erfreulichen Kongresstag, der uns gut tut.

Karl Kardinal Lehmann
Arbeit als Realisierung der Gottesbeziehung

Karl Kardinal Lehmann:
- Von 1968 bis 1983: Professor der Dogmatik und Ökumenischen Theologie an den Universitäten Mainz und Freiburg
- 1983: Ernennung und Weihe zum Bischof von Mainz
- Von 1987 bis 2008: Vorsitzender der Deutschen Bischofskonferenz
- 28. Januar 2001: Ernennung zum Kardinal
- Kardinal Lehmann engagiert sich auf verschiedensten Ebenen für eine dialogfähige Kirche in kritischer Zeitgenossenschaft, insbesondere auch im Bereich der Ökumene. Schon früh wurde er zu einem „Engel der Religionslehrer".

Der Veranstalter des heutigen Kongresses hat mir keine leichte Aufgabe gestellt. Der Titel „Arbeit als Realisierung der Gottesbeziehung" stellt eine Beziehung zwischen Arbeit und Gottesbeziehung her, die sich nicht von selbst versteht. Die meisten werden einwenden, dass die Arbeit einer eigenen Sachlogik folgt. Wie ein Feld bestellt, ein Auto montiert oder ein Hotel geleitet wird, ist zunächst keine religiöse, sondern eine technisch-administrative Frage. Die Rede von der Eigengesetzlichkeit der gesellschaftlichen Sachbereiche[1] (vgl. GS 36) scheint nirgends so berechtigt zu sein wie im Bereich der Wirtschaft. Die Frage, was denn Arbeit mit unserer Gottesbeziehung zu tun hat, ist daher nicht leicht zu beantworten.

Zudem ist der Begriff der „Arbeit" nur auf den ersten Blick eindeutig.[2] Menschen haben zu allen Zeiten Nahrungsmittel produziert, Güter hergestellt und Dienstleistungen verrichtet. Insofern kann man sagen, dass Arbeit zum Menschsein gehört. Deshalb gibt es auch keine Gesellschaft und Kultur ohne Arbeit. Allerdings unterscheiden sich die Gesellschaften und Kulturen darin, welchen Wert sie der Arbeit beimessen. Während die Moderne die Produktivität der Arbeit preist, sah die Antike nur die Mühsal und Notwendigkeit der Arbeit. Ebenso unterscheiden sich Kulturen und Gesellschaften darin, welche Tätigkeiten sie als Arbeit anerkennen und dann meist auch entsprechend entlohnen. Es ist offenkundig, dass in unserer Gesellschaft Arbeit deutlich mehr umfasst als Tätigkeiten in der Landwirtschaft, in der Industrie oder im Handel. Mindestens müsste man den stark wachsenden Dienstleistungssektor einbeziehen. Zudem haben die technologischen Veränderungen, die anhaltende Massenarbeitslosigkeit und die Entwicklung globaler Märkte in den Sozialwissenschaften eine lebhafte Diskussion über die Zukunft der Arbeit ausgelöst. Einige Autoren prognostizieren das Ende der Arbeitsgesellschaft oder die Ablösung der klassischen Berufsarbeit durch neue Formen von Arbeit.[3] Die Zukunft der Arbeit wird zudem sehr unterschiedlich beurteilt. Während die einen befürch-

[1] Vgl. dazu LOSINGER 1989; HILPERT 1980; LEHMANN 1995, S.11-22.

[2] Grundlegend dazu MÜLLER 1993; NEGT 2002; ARENDT 1960; KWANT 1968. Vgl. auch Anm. 3 und 4. Vgl. auch RIEDEL 1973; JONAS 1960.

[3] Vgl. RIFKIN 2005; BECK 2000.

ten, dass die Flexibilisierung und Fragmentarisierung der Arbeit die Identität des Einzelnen und die sozialen Beziehungen destabilisieren,[4] hoffen andere, dass der technologische Fortschritt die Arbeit von Mühsal und Zwang befreien und für alle zu einer schöpferischen Tätigkeit werden lässt.[5] In diesem Zusammenhang wird auch darüber diskutiert, ob neben der Erwerbsarbeit nicht auch andere Formen von Arbeit gesellschaftliche Anerkennung verdienen. Hier denkt man insbesondere an die Erziehung von Kindern und die Betreuung von Kranken und Alten in der Familie.[6]

Angesichts der kontroversen Debatten in den Wirtschafts- und Sozialwissenschaften wird man als Theologe in der Beurteilung der Zukunft der Arbeit eher zurückhaltend sein. Eine Theologie der Arbeit, die ja von ihrer Sache her auf die Kenntnisse der Geschichts-, Wirtschafts- und Sozialwissenschaften angewiesen ist, läuft sonst leicht Gefahr ein einseitiges oder realitätsfernes Verständnis von Arbeit religiös zu überhöhen. Vielleicht sollten wir bescheidener statt von einer Theologie der Arbeit eher von einer Ethik der Arbeit sprechen. Doch auch dann bleibt die Frage, was wir unter Arbeit verstehen.

1.

Was also ist Arbeit? Einen ersten Hinweis gibt uns die Sprache. In fast allen europäischen Kultursprachen hat „Arbeit" zwei oder mehrere Bezeichnungen. In der deutschen Sprache erkennen wir einen Unterschied zwischen „arbeiten" und „werken" bzw. „schaffen". So ist es in den alten und den neuen Sprachen, im Griechischen und Lateinischen, im Französischen und Englischen. Diesen beiden Dimensionen lassen sich zwei Grundbedeutungen zuordnen: Arbeit ist „Mühe, Qual, Last, Not". Dies ist zunächst eine negative Bedeutung. „Arbeit" geht auf das germanische „arba" zurück, was „Knecht sein" heißt. In dieser Bedeutung schwingt alles mit, was den Menschen bei der Arbeit von innen und außen bestimmt: das Auszehrende, das Fordernde, das Auslaugende. Man arbeitet sich im Lauf der Jahre ab, jemand arbeitet sich zu Tode. Hier kommt mehr der passive Aspekt der Arbeit, ja das menschliche Leiden zum Vorschein. Die andere Dimension richtet sich mehr auf ein positives Element und besagt Leistung, Werk. Hier steht weniger das manuelle Sich-Plagen mit Zwang und Mühsal im Vordergrund, sondern eine bejahte und gesuchte Anstrengung um eines Zieles willen. Dies ist mehr ein aktiver Aspekt, der die Freiheit, Zielrichtung und den Sinngehalt unserer Arbeit zur Sprache bringt. In der Nähe dieser Bestimmung steht auch Arbeit als Tätigkeit zur Sicherung des Lebensunterhaltes und zur Verbesserung der Lebensbedingungen.

[4] Vgl. SENNETT 1998; SENNETT 2005.

[5] Vgl. z. B. GORZ 2000; GORZ 2004.

[6] Vgl. z. B. KREBS 2002; vgl. auch KERBER 1984; BIEDENKOPF 2006, S. 143-174; MINNERATH 2007, S. 60-69.

2.

Arbeit ist jedenfalls weder „reines" noch schlechthin „freies" Handeln, sondern es ist abhängig von der Natur und der natürlichen Bedürftigkeit des Menschen, von geschichtlich gewordenen Herrschafts- und Gesellschaftsverhältnissen. Arbeit ist also immer schon eine Vermittlung zwischen Mensch und Natur, ein gesellschaftlich-geschichtlich bedingtes Handeln. Für uns ist die Not und Beschwerde der Arbeit im körperlichen Sinne oft in den Hintergrund getreten, dennoch bleibt der Aspekt der Arbeit bestehen, dass sie Abhängigkeiten vielfacher Art schafft. Durch planvolle Aneignung, Indienstnahme und Aufbereitung der Natur, durch „Produktion" von Werkzeugen, von Gebrauchs- und Verbrauchsgütern unterscheidet sich der Mensch im Vorgang der Arbeit vom Tier. Dabei ist die Bearbeitung der Natur vor allem von Grund und Boden sowie der Naturdinge nach dem Modell handwerklicher Tätigkeit ein Grundmuster, nach dem wir bis heute die Arbeit verstehen. Das arbeitende Subjekt formiert einen Stoff. Freilich erschöpft sich Arbeit nicht im Herstellen und im instrumentellen Handeln, wie schon ein Blick auf Tätigkeiten wie Sammeln und Jagen, aber auch auf die Dienstleistungen zeigt.

Mein Lehrer Karl Rahner hat in einem kurzen, fast meditationsartigen Versuch Arbeit zu erschließen sich bemüht. So heißt es in einer kleinen Schrift „Alltägliche Dinge":[7] „Sie ist einfach – Arbeit: mühsam und doch erträglich, durchschnittlich und gewohnt, sich gleichmäßig wiederholend, in einem das Leben erhaltend und es langsam abnützend, unvermeidlich und (wo sie nicht zu bitterer Fron verdirbt) nüchtern freundlich. Sie kann uns nie ganz ,liegen'; selbst wo sie als die Durchführung der höchsten Impulse des Menschen beginnt, wird sie auch unvermeidlich Trott, graue Mühseligkeit der Wiederholung des Gleichen, Behauptung gegenüber dem Unvorhergesehenen und der Last dessen, was der Mensch nicht von innen tut, sondern von außen, vom Fremden her erleidet. Und immer ist die Arbeit auch ein Sich-Einfügen-Müssen in die Verfügung der anderen, in den Rhythmus, der vorgegeben ist, ein Beitrag zu einem gemeinsamen Ziel, das keiner von uns allein sich ausgesucht hat, also Gehorsam und Verzicht in das Allgemeine hinein. – Das erste somit, was eine Theologie der Arbeit zu sagen hat, ist gerade, dass Arbeit – Arbeit bleibt und bleiben wird: das mühsam Gleichförmige, das Entsagung seiner selbst Fordernde, das Alltägliche. Die Arbeit mag immer mehr sich anreichern mit Elementen schöpferischer Tat, sie bleibt im Menschen an eine biologische Grundlage gebunden, die das Ende im Tod sucht, sie bleibt immer in Wechselwirkung mit einer nie restlos verfügbaren Außenwelt, sie wird also – Arbeit bleiben."

[7] RAHNER 1974.

Diese sehr nüchternen Sätze Rahners können uns davor bewahren, Arbeit zu verherrlichen, wie es in den letzten Jahrhunderten immer wieder geschehen ist und auch heute noch manchmal geschieht. **Arbeit bleibt Mühsal. Der wissenschaftliche und technische Fortschritt der Neuzeit hat uns die Arbeit zweifellos** erleichtert, unseren Wohlstand vermehrt und uns freie Zeit geschenkt, von der unsere Vorfahren nur träumen konnten. Doch auch die technischen Erleichterungen haben die Mühsal nicht abgeschafft, sondern oft neue Zwänge im Arbeitsleben geschaffen.

Nach diesen sehr grundsätzlichen Überlegungen müssen wir gewiss auch den geschichtlichen Wandel der Arbeit in den Blick nehmen. Die Gestalt der Arbeit hat sich ungeheuer verändert.[8] Ebenso hat sich die Bewertung der Arbeit geändert. Um eine Antwort auf die Frage nach dem Verhältnis von Arbeit und Gottesbeziehung zu finden, ist es nützlich, die verschiedenen Etappen im theologischen Nachdenken über die Bedeutung der Arbeit zumindest in groben Zügen zu skizzieren.

2.

In der griechisch-römischen Antike galt, wie auch im alten Orient, Arbeit als eine zwar notwendige, aber minderwertige Tätigkeit. Man überließ sie deshalb auch den Sklaven. Einzelne antike Autoren wie Hesiod oder Cato schätzten zwar die Landarbeit, für die meisten Bürger in einer griechischen Polis oder in der römischen Republik aber war Arbeit vor allem Mühsal und Last. Das gute Leben bestand für sie darin, von jeder Arbeit befreit sich ganz dem Gemeinwohl der Stadt zu widmen. Die eines freien Mannes würdigen Tätigkeiten waren Kriegsdienst, Politik und Philosophie. Körperliche Arbeit gehörte nicht dazu.

Im Unterschied zum antiken Denken wertete der christliche Glaube von Anfang an Arbeit nicht als minderwertige Tätigkeit ab. Dies zeigt sich schon in der Heiligen Schrift. In beiden biblischen Schöpfungserzählungen[9] wird der Mensch als arbeitendes Wesen geschaffen. Nach dem älteren Schöpfungsbericht setzt Gott den Menschen nach seiner Erschaffung in den Garten Eden, „damit er ihn bebaue und bewahre" (Gen 2, 15). Der Mensch im Gottesgarten arbeitet. Durch seine Arbeit soll er den Garten gestalten und erhalten. Auch in der jüngeren Schöpfungserzählung mündet die Erschaffung des Menschen in den Auftrag, die Welt zu gestalten (vgl. Gen 1, 28). Arbeit gehört zur biblischen Bestimmung des Menschen. Allerdings wird der Mensch nicht durch Arbeit zum Menschen. Was ihn von den anderen Geschöpfen unterscheidet ist die Gottesebenbildlichkeit (vgl. Gen 1, 26).[10] Es ist sein besonderer Gottesbezug und nicht seine Arbeit, die ihn als Menschen auszeichnet und die seine Würde begründet. Der von Gott unter allen Lebewesen so ausgezeichnete Mensch erhält dann den Auftrag, die Welt durch seine Arbeit zu gestalten.

[8] Vgl. neben den bereits zitierten Werken von RIFKIN und GORZ ausführlich KOCKA 2000; SCHUBERT 1986; CONZE 1972, Zitat: 215; CHENU 1971, (vgl. auch die folgenden Artikel Arbeiter, Arbeiterfrage, Arbeitsteilung, Arbeitswelt). Vgl. auch CHENU 1962; CHENU 1967; RUPPERT 1986; RAUSCHER 2002; HANK 1995; BRIESKORN 1999; MESCHNIG 2007; BAECKER 2007.

[9] Zur Einführung vgl. KRAMER 1982, S. 9-20; PANNENBERG 1988, S. 19-37; WOLF 1984; vgl. auch die einschlägigen Kommentare vor allem zu Gen 1-3: VON RAD 1981, WESTERMANN 1983, Steck 1970 u. 1981 u.a.; vgl. auch ausführlicher LEHMANN 1999. Vgl. auch die Anm. 17, 19.

[10] Vgl. LEHMANN 2006.

2.

Die Schrift ist weit davon entfernt, das Hohelied auf die Arbeit zu singen. Sie berichtet sehr eindringlich von der Mühsal und Anstrengung der Arbeit (vgl. Gen 3, 17-19). Sie erzählt von der Fronarbeit in Ägypten (vgl. Ex 1-2) und von der steten Gefahr, dass der Mensch zum Diener seiner eigenen Werke wird (vgl. Jes 44, 9-20). Wie alles menschliche Handeln ist auch die Arbeit von der Sünde gezeichnet. Die Arbeit ist jedoch nicht die Folge der Sünde oder gar ihre Strafe. „Verflucht" ist nicht die Arbeit, sondern der Ackerboden (Gen 3, 17b). Gebrochen ist das Verhältnis des Menschen zu Gott, zum Mitmenschen und zur Schöpfung. Deshalb ist die Arbeit diesseits von Eden Mühsal, deshalb muss der Mensch „im Schweiße seines Angesichtes" sein Brot essen (Gen 3, 19). Deshalb werden die Früchte der Arbeit zum Gegenstand von Neid und Zwietracht, die sich wie in der Geschichte von Kain und Abel bis zum Brudermord steigern kann (vgl. Gen 4, 1-16). Bei aller Wertschätzung der Arbeit zeichnet die Schrift somit ein sehr realistisches Bild der Arbeit. Sie ist oft mühselig und eintönig, kräftezehrend und leidvoll. Um wahrhaft human zu sein, bedarf die Arbeit wie alles menschliche Handeln der ethischen Weisung und der rechtlichen Regelung. Letztlich bedarf sie wie die ganze Schöpfung der Erlösung.

Die in den Schöpfungserzählungen grundgelegte Vorstellung vom Menschen und von der Arbeit findet ihre Entsprechung in den eschatologischen Entwürfen. Nirgends kommt im Alten Testament ein Leben ohne Arbeit in den Blick. Die Propheten verheißen kein Schlaraffenland. Die Hoffnung auf „einen neuen Himmel und eine neue Erde" wird im Buch Jesaja vielmehr so beschrieben: „Sie werden Häuser bauen und selbst darin wohnen, sie werden Reben pflanzen und selbst ihre Früchte genießen. Sie bauen nicht, damit ein anderer in ihrem Haus wohnt, und sie pflanzen nicht, damit ein anderer die Früchte genießt. (...) Was meine Auserwählten mit eigenen Händen erarbeitet haben, werden sie selber verbrauchen. Sie arbeiten nicht mehr vergebens, sie bringen nicht Kinder zur Welt für einen jähen Tod." (Jes 65, 21-23a) Die Hoffnung richtet sich hier auf ein Leben ohne Ausbeutung und auf ein Leben, in dem die Arbeit nicht ins Leere geht, in dem sie nicht sinnlos wird. Die eschatologischen Bilder der Schrift sind Bilder einer gerechten Welt. Ihnen liegt die Einsicht zugrunde, dass das Problem des Menschen nicht eigentlich die Arbeit, sondern das Unrecht ist.

Die biblische Sicht der Arbeit wäre jedoch unvollständig ohne den Sabbat. Nach dem priesterlichen Schöpfungsbericht beendet und vollendet Gott sein Werk, indem er am siebten Tag ruht, den siebten Tag segnet und für heilig erklärt (vgl. Gen 2,2f). Im dritten der Zehn Gebote heißt es: „Sechs Tage darfst du schaffen und jede Arbeit tun. Der siebte Tag ist ein Ruhetag, dem Herrn, deinem Gott, geweiht." (Ex 20,9f; Dtn 5,13f) An einem Tag in der Woche soll jeder Mensch in Israel – ob Mann oder Frau, Herr oder Knecht, Jude oder Fremder – die Arbeit ruhen lassen. Am Sabbat soll der Mensch von der Mühsal der Arbeit frei werden. Mit dem Arbeitsverbot unterbricht der Sabbat das Wechselspiel von Produktion und Konsum, das den Alltag beherrscht. Das dritte Gebot meint dabei mehr als eine Auszeit, um wieder zu Kräften zu kommen. Der Sabbat ist vor allem der Tag des Herrn, ein Tag ausgesondert für Gott, ein „Heiligtum in der Zeit", wie der jüdische Religionsphilosoph Abraham Heschel ihn nennt.[11]

[11] HESCHEL 1990.

Die Wertschätzung der Arbeit und die nüchterne Sicht der Arbeitswirklichkeit sind grundlegend für das christliche Verständnis der Arbeit. Vor dem Hintergrund der alttestamentlichen Texte sind die viel zitierten Sätze des Apostels Paulus, der selbst ein Handwerk erlernt und ausgeübt hat (Apg 18, 3; 20, 34), zu verstehen, dass wer nicht arbeiten will, auch nicht essen soll (vgl. 2 Thess 3, 10) oder dass der Verkünder des Evangeliums ein Recht auf Entlohnung hat (vgl. 1 Kor 9, 14). Die älteste überlieferte Gemeindeordnung, die **Didache** (11,4f.; 12,2), legt entsprechend fest, dass Durchreisende, die länger als drei Tage in der Gemeinde verbringen, arbeiten sollen, um ihren Lebensunterhalt zu verdienen. **Durch ihr biblisches Arbeitethos unterschieden sich die christlichen Gemeinden von ihrer heidnischen Umwelt, in der Handarbeit, die als eine niedrige Tätigkeit galt, die eines freien Mannes nicht würdig war.**

3.

Sowohl die Kirchenväter als auch die mittelalterlichen Theologen haben weniger eine Theologie der Arbeit als vielmehr eine Arbeitsethik entwickelt. Grundlegend für die Diskussionen im Mittelalter ist die benediktinische Formel „ora et labora" („bete und arbeite"). Die Formel nimmt gleichsam die biblische Komplementarität von Arbeit und Sabbat auf und wendet sie auf das Leben der Mönche an. Nach der Regel des Heiligen Benedikt[12] sollen sich im Leben der Mönche Zeiten des Gebets und der geistlichen Lesung mit Zeiten der Handarbeit abwechseln. Die Arbeitspflicht der Mönche begründet Benedikt im 48. Kapitel seiner Regel zunächst mit der Furcht vor dem Müßiggang als „der Seele Feind", dann aber auch mit dem Vorbild der Apostel, die von ihrer Hände Arbeit lebten. Die Arbeit soll also zum einen den Lebensunterhalt der Mönche sichern, zum anderen soll sie dazu beitragen, die Moral und Disziplin der Mönche zu stärken. Die Verpflichtung zur Arbeit verstand sich für viele Klöster nicht von selbst und musste in den späteren Reformbewegungen der Zisterzienser und der Prämonstratenser immer wieder neu in Erinnerung gerufen werden. Dabei müssen auch die weltlichen Folgen der benediktinischen Arbeitsethik gesehen werden. Die Klöster waren oft bedeutende Wirtschaftseinheiten und Stätten technischer Innovationen in der Landwirtschaft und im Handwerk.

[12] Zur Arbeit in der Benediktsregel vgl. die Kapitel 7, 35, 39, 40, 41, 46, 48, 57, 66.

2.

Auch der Meisterdenker des Mittelalters, Thomas von Aquin, behandelt in seiner **Summa theologiae** das Thema Arbeit im Zusammenhang mit den Aufgaben der Ordensleute.[13] Die Thematik ist für den Aquinaten nicht ohne Schwierigkeiten, gehört er doch als Dominikaner einem Bettelorden an, dessen Angehörige im Unterschied zu den Mönchen der benediktinischen Tradition nicht von ihrer Hände Arbeit, sondern von den freiwilligen Gaben der Gläubigen leben. Für Thomas ist die sittliche Pflicht zu arbeiten zunächst ein Gebot, das für Ordens- und Weltleute gleichermaßen gilt. Auch seine Begründung der Arbeitspflicht bewegt sich in den Bahnen Benedikts. Arbeit dient vor allem der Sicherung des Lebensunterhalts, sodann um Müßiggang zu vermeiden, die Begierden zu zügeln und um die Armen mit Almosen zu unterstützen (vgl. S. th. 2 II q. 187 a. 3). Infolge der gesellschaftlichen Arbeitsteilung sei jedoch nicht jeder zu Handarbeit oder körperlicher Arbeit verpflichtet, nämlich dann nicht, wenn derjenige seinen Lebensunterhalt auf andere rechtmäßige Weise bestreiten kann. Dies ist z. B. dann der Fall, wenn Ordensangehörige wie die Dominikaner von Almosen leben, die die Gläubigen ihnen für ihre seelsorglichen Tätigkeiten geben. Mit Aristoteles ist Thomas der Meinung, dass geistige Tätigkeiten wertvoller als körperliche Arbeit sind und das beschauliche Leben, also die vita contemplativa, dem tätigen Leben, der vita activa, vorzuziehen sei (vgl. S. th. 2 II q. 182 a. 1). Allerdings fügt er am Ende seiner Überlegungen hinzu, dass Arbeit zur Sicherung des Lebensunterhalts das beschauliche Lebens keineswegs mindern müsse (vgl. ebd.). Hier wird der Unterschied zu Aristoteles und den antiken Schriftstellern deutlich: Thomas hält Handarbeit oder körperliche Arbeit keineswegs für eine Tätigkeit, die der Würde des Menschen widerspricht.

Hier können wir nun ein erstes Ergebnis in unserer Frage nach dem Verhältnis von Arbeit und Gottesbeziehung festhalten. Die mittelalterliche Diskussion über die Arbeitspflicht der Mönche zeigt, dass die Arbeit ebenso zu einem Leben in der Nachfolge Christi gehört wie das Gebet. Arbeit ist zwar zunächst eine Notwendigkeit, die zum menschlichen Leben gehört, als menschliches Handeln aber steht sie wie die Schöpfung als ganze immer schon in einem Bezug zum Schöpfer.

4.

Neue Impulse hat die Theologie der Arbeit später in der Reformation erhalten. Nun wird man nicht sagen können, dass Arbeit ein Grundthema reformatorischer Theologie ist. Vielmehr führen die Veränderungen, die die Reformatoren im theologischen Koordinatensystem vornehmen, auch zu einer veränderten Sicht der Arbeit. Kurz gesagt, die Reformatoren lösen das Thema Arbeit z. T. aus dem monastischen Kontext heraus und stellen es stärker in den neuen Zusammenhang der Alltags-

[13] So auch in der Summa contra gentiles III, 135.

frömmigkeit der einfachen Christen.[14] Den Hintergrund dieser neuen Sicht bildet die reformatorische Kritik am zeitgenössischen Mönchtum und an der Unterordnung der vita activa unter die vita contemplativa. Ausgangspunkt der reformatorischen Arbeitsethik ist Luthers Deutung der Rechtfertigungslehre. Sie schließt bekanntlich die für die mittelalterliche Frömmigkeit so wichtige Idee der verdienstvollen Werke prinzipiell aus. Vor Gott gelten keine Werke, sondern nur der Glaube. Denn das Heil, das Christus für uns am Kreuz erwirkt hat, kann der Mensch nach Luther nur passiv im Glauben empfangen. Gleichzeitig fügt Luther jedoch hinzu: Der Glaube bewirkt gute Werke.[15] Die Werke des Christen begründen keine Verdienste vor Gott, sondern dienen dem Wohl des Nächsten.[16] Folgerichtig ist auch die menschliche Arbeit für den Reformator zunächst Dienst am Nächsten und als solcher dann auch Gottesdienst. Denn im Dienst am Nächsten dient der Christ immer auch Gott. Diese Einsicht verbindet Martin Luther mit einer neuen Interpretation von Berufung. War in der mittelalterlichen Theologie die Rede von der inneren Berufung (vocation interna oder spiritualis) auf das Priester- und Mönchtum bezogen, so wendet Luther diesen Begriff nun auf die weltlichen Tätigkeiten in Beruf und Familie an. Die etymologische Herkunft des Wortes ‚Beruf‘ von ‚Berufung‘ hat hier ihren theologischen Grund. Für Luther ist jeder Beruf Berufung und soll vom Christen auch so ausgeübt werden. Der berufliche Alltag wird zum Ort christlicher Frömmigkeit. Hier hat der Christ sich zu bewähren.

Johann Calvin übernimmt Luthers Bewertung der Arbeit. Er ordnet sie jedoch dem Leitgedanken seiner Theologie „Soli Deo gloria" („Allein Gott die Ehre") unter und bezieht sie auf die Lehre von der doppelten Prädestination. Nach dieser auf Augustinus zurückgehenden Lehre Calvins hat Gott in einem uns nicht zugänglichen Ratschluss die einen zum Heil oder die anderen zum Unheil vorherbestimmt.[17] Nur im Glauben kann der Christ seiner Erwählung gewiss sein. Berufsarbeit ist wie das ganze Leben des Christen Antwort auf die göttliche Erwählung und damit Gottesdienst. Der Christ darf zudem darauf vertrauen, dass seine Werke und damit auch seine Arbeit in dieser Welt Früchte tragen. „Wenn wir unserem Beruf gehorchen", schreibt Calvin, „so wird kein Werk so unansehnlich und gering sein, dass es nicht vor Gott leuchtet und für sehr köstlich gehalten würde."[18] Hier deutet sich bereits die Frage an, ob der Erfolg in der Arbeit dann nicht auch als Zeichen für die göttliche Erwählung gedeutet werden kann. Calvin selbst hat es abgelehnt, nach äußeren Zeichen der Erwählung zu suchen.[19] Die wohl als quälend empfundene Ungewissheit, ob man selbst zu den Erwählten oder zu den Verworfenen gehört, hat jedoch seine Nachfolger, vor allem die englischen Puritaner, bewogen, die Früchte der Arbeit zum gewissen Zeichen persönlicher Erwählung durch Gott zu erklären. In dem calvinistisch-puritanischen Lebensstil, der Tugenden wie Fleiß, Pflichterfüllung, Verzicht und Bescheidenheit kultiviert, wird Max Weber[20] später den Ur-

[14] Vgl. dazu LOHSE 1963; LOHSE 1995, S. 259ff.; BEUTEL 2005, S. 50-57.

[15] Vgl. LUTHER 1983, S. 9-47, hier S. 30: „Der Glaube hingegen, wie er gläubig und gerecht macht, bewirkt er auch gute Werke."

[16] Vgl. LUTHER 1983, S. 36: „Siehe, das ist wirklich christliches Leben, hier ist wirklich ‚der Glaube, der durch die Liebe tätig ist' (Gal 5,6) d.h. mit Freude und Liebe geht der Christ an das Werk der freiesten Knechtschaft, wodurch er dem anderen umsonst und freiwillig dient, selbst überreichlich satt durch die Fülle und den Reichtum seines Glaubens."

[17] Vgl. CALVIN 1997, S. 615-623 (III, 21).

[18] CALVIN 1997, S. 470 (III, 10).

[19] Vgl. CALVIN 1997, S. 651f (III, 24). Calvin empfiehlt den Christen unter Berufung auf den Heiligen Bernhard von Clairvaux, sich mit dem festen Vertrauen auf Gottes Ratschluss zu begnügen (vgl. ebd.).

[20] Zusammenfassend mit umfangreicher Literatur KÄSLER 2003, S. 99-183.

2.

sprung des neuzeitlichen Arbeitsethos, ja der kapitalistischen Wirtschaftsweise überhaupt erkennen.[21]

Wir können hier ein weiteres Ergebnis in unserer Frage nach dem Verhältnis von Arbeit und Gottesbeziehung festhalten. **Auch im Rahmen einer katholischen Theologie kann man Arbeit als eine Form der Nächstenliebe verstehen. Natürlich arbeiten wir zunächst, um unseren Lebensunterhalt zu verdienen. Aber die Produkte, die wir herstellen, und die Dienstleistungen, die wir erbringen, kommen grundlegend auch anderen zugute. Mit unserer Arbeit tragen wir zum Wohlstand und Wohlergehen der Gesellschaft bei. Auf der Arbeit als einer Form der Nächstenliebe liegt dann auch Gottes Segen.** Das gilt nicht nur für Arbeiten oder Berufe, die sich einer hohen gesellschaftlichen Wertschätzung erfreuen, sondern auch für die unscheinbaren, fälschlicherweise wenig beachteten Tätigkeiten, deren Wert wir oft erst dann erkennen, wenn sie fehlen. Für einen Christen ist auch der Arbeitsplatz ein Ort, an dem er Gott dient. Das hat dann natürlich auch Folgen für das Arbeitsethos, also die Art, wie wir unsere Arbeit verrichten.

5.

Webers Herleitung des modernen Kapitalismus aus dem Geist des calvinistisch-puritanischen Protestantismus wird in der Religionssoziologie und der Geschichtswissenschaft kontrovers diskutiert. Wir sehen heute deutlicher als früher, dass die Reformation nicht einfach ein Bruch mit der Vergangenheit und der Anbruch einer neuen Zeit war. In vielem blieben die Reformatoren dem spätmittelalterlichen Denken und Handeln verhaftet, in anderen Punkten bahnten sie in der Tat neuen Entwicklungen den Weg. So wird man etwa die Tugenden, die das Arbeitsethos der Puritaner bildeten, ohne viel Mühe auch in der Lebensweise der mittelalterlichen Klöster finden. Das protestantische Arbeitsethos ist eher eine Verallgemeinerung des klösterlichen Arbeitsethos. Die Wertschätzung der alltäglichen Arbeit und Pflichterfüllung als Ort christlicher Frömmigkeit und die Wertverschiebung von der Arbeitsanstrengung auf die Arbeitsleistung verweisen hingegen auf das moderne Verständnis von Arbeit.[22]

Worin besteht nun das Neue des modernen Verständnisses von Arbeit? Arbeit wird nun nicht mehr weitgehend als Mühsal, Last und Fron verstanden, der sich der Mensch zur Lebenserhaltung unterwerfen muss. Arbeit ist nun vor allem eine produktive und schöpferische Tätigkeit, durch die der Mensch seinen Wohlstand mehrt, aber auch seine Welt gestaltet und dabei sich selbst verwirklicht. Für den Ahnherrn der modernen Wirtschaftslehre, Adam Smith, ist Arbeit die Quelle allen

[21] Vgl. zu den Ergebnissen der differenzierten Forschung SCHLUCHTER 2005, S. 1-7 (Lit.).

[22] Vgl. BULTMANN 2007.

Wohlstands. Dieses neue Verständnis von Arbeit steht, ohne dass dies hier im Einzelnen entfaltet werden könnte, in engem Zusammenhang mit der Entwicklung einer freien Marktwirtschaft, der beginnenden Industrialisierung in England und der fortschreitenden Arbeitsteilung im Produktionsprozess. Es steht aber auch im Kontext einer Welt- und Lebensanschauung, die den menschlichen Tätigkeiten einen Wert zuschreibt, den sie in sich haben und nicht erst durch ihren Bezug auf transzendente Zwecke bekommen.[23] Arbeit und Beruf werden zu identitätsstiftenden Tätigkeiten, durch die sich das Bürgertum vom Adel abgrenzt und aus denen sich das Selbstbewusstsein des Bürgers speist. Ein gutes Leben ist ohne Arbeit bald kaum vorstellbar. Denn die Arbeit ermöglicht dem Einzelnen ein selbstständiges, von anderen unabhängiges Leben. Mit dem neuen Arbeitsverständnis bildet sich bei Adam Smith und den französischen Physiokraten zugleich die moderne Vorstellung von Wirtschaft, die nicht mehr Teil der Moralphilosophie, sondern einen eigenen Bereich menschlichen Handelns bildet, das eigenen Gesetzen folgt.[24]

[23] Vgl. dazu GROETHUYSEN 1978, S. 97f.

[24] Vgl. TAYLOR 1999, S. 506f.

Der neue Begriff von Arbeit konnte kritisch gegen die realen Arbeitsverhältnisse gewendet werden und wurde es auch. Dies zeigte sich schon anfänglich bei Schiller[25], dann bei Hegel[26] und vor allem bei Marx und den von ihm beeinflussten Autoren. Im Lichte eines Verständnisses von Arbeit als Selbstverwirklichung des Menschen und Grundlage einer selbstständigen Lebensführung erschienen die realen Arbeitsverhältnisse, wie sie sich im Zuge der Industrialisierung herausbildeten, nur umso skandalöser und ihre Veränderung umso dringlicher. Das materielle Elend der neu entstandenen Arbeiterklasse machte augenfällig, dass die neuen Arbeitsverhältnisse einen wachsenden Teil der Gesellschaft in neue Abhängigkeiten brachten, die ihnen eine selbstständige Lebensführung oft unmöglich machten. Zudem beklagten die Sozialkritiker die menschliche Verarmung durch Arbeitsbedingungen, die den Einzelnen der zweckrationalen Logik eines mechanisierten Arbeitsprozesses unterwarfen und zum funktionalen Element der Produktion erniedrigten. Charlie Chaplins Film „Modern Times" (1936) hat diese abstumpfende Wirkung monotoner Arbeitsabläufe in der Fließbandproduktion in satirischer Weise dargestellt. Deshalb gehörte die Veränderung der Arbeitsbedingungen neben der gerechten Entlohnung der Arbeit zu den wesentlichen Zielen der verschiedenen Strömungen der Arbeiterbewegung, der christlichen ebenso wie der sozialistischen. Was unter Humanisierung der Arbeit verstanden wurde, war und ist jedoch unterschiedlich. Während die Gewerkschaften vor allem für konkrete Verbesserungen am Arbeitsplatz wie die Gestaltung der Schichtarbeit oder Pausenregelungen und für eine Verkürzung der Regelarbeitszeit streiten, erhoffen andere, dass der technologische Fortschritt und die sozialen Reformen die Arbeit von Mühsal und Zwang befreien und für alle zu einer schöpferischen Tätigkeit werden lassen. Wie ich zu Beginn meiner Ausführungen erwähnt habe, sind diese

[25] SCHILLER 1965, S. 17-28 (Sechster Brief).

[26] HEGEL 1969, S. 150-155.

2.

Arbeitsutopien auch in der gegenwärtigen Diskussion um die Zukunft der Arbeit sehr lebendig.

6.

Die Industrialisierung mit ihren sozialen und kulturellen Folgen und das sie begleitende neue Verständnis von Arbeit bildete natürlich auch eine Herausforderung für die Kirche. Dabei standen zunächst das Verhältnis von Kapital und Arbeit[27] und die Fragen der Verteilungsgerechtigkeit im Vordergrund. Schon bald aber reflektierte die Kirche auch die moralische und religiöse Bedeutung der Arbeit. Ich kann hier schon aus Zeitgründen nicht den Weg nachzeichnen, den das theologische Nachdenken über die Arbeit im letzten Jahrhundert genommen hat. Wichtige Impulse sind sicher vom Werk des französischen Theologen Marie-Dominique Chenu OP[28], aber auch von den Arbeiterpriestern in Frankreich und den katholischen Arbeiterorganisationen ausgegangen. Viele dieser Impulse hat das Konzil in der Pastoralkonstitution **Gaudium et spes** (1965) aufgenommen. 1981 hat dann Papst Johannes Paul II. erstmals in der Kirchengeschichte eine Enzyklika (**Laborem exercens**) der Arbeit gewidmet. Eine umfassende Würdigung dieser Enzyklika, die hier nicht geleistet werden kann, müsste sicher den geschichtlichen Kontext stärker beachten, als das hier möglich ist. 1980 war das Jahr des großen Arbeiterstreiks auf der Danziger Leninwerft, in deren Verlauf die unabhängige Gewerkschaft Solidarnosc gegründet wurde. Die Streikbewegung wurde von den kritischen Intellektuellen Polens und der katholischen Kirche unterstützt und läutete rückblickend betrachtet den Zusammenbruch des Kommunismus in Osteuropa ein.

Die Bedeutung der Enzyklika Laborem exercens besteht vor allem darin, dass sie das moderne Verständnis von Arbeit, das ich soeben skizziert habe, aufnimmt und es in das christliche Verständnis des Menschen und seiner personalen Würde integriert. Zu Beginn spricht der Papst von der „Entdeckung der neuen Bedeutungsgehalte der menschlichen Arbeit" und der „Formulierung der neuen Aufgaben", die sich auf diesem Gebiet stellen (Nr. 2). Wörtlich heißt es dann: „Die Arbeit ist ein Gut für den Menschen – für sein Menschsein –, weil er durch die Arbeit nicht nur die Natur umwandelt und seinen Bedürfnissen anpasst, sondern auch sich selbst als Mensch verwirklicht, ja gewissermaßen, mehr Mensch wird'." (Nr. 9) Arbeit ist „eines der Kennzeichen, die den Menschen von den anderen Geschöpfen unterscheiden" (Vorrede). Arbeit ist ein spezifisch menschliches Tun und damit immer auch Ausdruck der Würde des Menschen (vgl. Nr. 9). Diese theologische Verknüpfung von Arbeit und Menschenwürde[29] findet ihren program-

[27] LEHMANN 2003, Primat der Arbeit.

[28] CHENU 1956; CHENU 1941; CHENU 1964, S. 543-570; RONDET 1956; ROHLOFF 1997; KRAMER 1982; BRAKELMANN 1988; MIETH 1985; JOHN 1991, S. 144-162; SAILER-PFISTER 2006.

[29] Vgl. dazu HECK 1984; KNORN 1996. Zu Dokumenten der Religionen vgl. WOLF 1989; KLÖCKER 1985; Internationale katholische Zeitschrift »Communio« 13 (1984), Bd. 2 darin besonders ROOS 1984, JUROS 1984, ANZENBACHER 1984, GAUGLER 1984.

matischen Ausdruck in der oft zitierten Formel, dass „die Arbeit für den Menschen da (ist) und nicht der Mensch für die Arbeit" (Nr. 6). Entsprechend kritisiert der Papst Arbeitsverhältnisse, die den Menschen zum funktionalen Element des Produktionsprozesses erniedrigen (vgl. Nr. 7).

Der Papst versteht den biblischen Auftrag an den Menschen, sich die Erde untertan zu machen (Gen 1,28), als Aufforderung zur Umwandlung der Erde durch Arbeit (vgl. Nr. 4). Mit seiner Arbeit trägt der Mensch zur „Vollendung des Schöpfungswerkes Gottes" bei.[30] Auch im Beruf und am Arbeitsplatz ist der Mensch dazu berufen, Mitarbeiter Gottes zu sein. Es lohnt sich diesem Leitgedanken einer christlichen Theologie der Arbeit nachzugehen. Denn unter diesem Leitgedanken lassen sich die Aspekte einer Theologie der Arbeit gut zusammenfassen, die ich in dem kurzen geschichtlichen Abriss genannt habe. Mir scheinen auch mit Blick auf das Zeugnis der Heiligen Schrift **drei Aspekte** besonders bedeutsam zu sein.[31]

1. Zum einen ist auch die Arbeitswelt ein Ort christlicher Frömmigkeit. Arbeit und Beruf sind kein gottferner Bereich, den der Christ zu meiden hätte oder in dem er sich nur notgedrungen aufhält. Arbeit ist in dem Sinne Selbstverwirklichung, als der Mensch in der Arbeit seine Gaben und Talente fruchtbar machen und neue Fähigkeiten und Fertigkeiten erwerben kann. Arbeit bildet die wirtschaftliche Grundlage für eine selbstständige Lebensführung. Gleichzeitig ist sie ein Dienst am Nächsten, am Wohl der Gesellschaft, und damit auch ein Dienst an Gott. Dieses theologische Verständnis von Arbeit ist auch sozialethisch bedeutsam. Wenn wir Arbeit als Mitarbeit am Schöpfungswerk Gottes verstehen, dann dürfen wir uns nicht damit abfinden, dass ganze Gruppen der Gesellschaft dauerhaft vom Arbeitsmarkt ausgeschlossen werden. Die päpstlichen Sozialenzykliken haben deshalb von Anfang an nachdrücklich auf die wirtschaftlichen, sozialen und moralischen Folgen der Arbeitslosigkeit aufmerksam gemacht[32] und das Recht jedes Menschen, besonders auch der Ausgeschlossenen, auf Teilnahme am Leben der Gesellschaft in allen Dimensionen und auf allen Ebenen verteidigt.[33] Dieses Recht haben auch die deutschen Bischöfe im Gemeinsamen Sozialwort mit der EKD **Für eine Zukunft in Solidarität und Gerechtigkeit** und in der Kommissionserklärung **Das Soziale neu denken** nachdrücklich hervorgehoben.[34] Wir werden diese Fragen der Beteiligungs- und der Verteilungsgerechtigkeit zukünftig noch stärker im weltweiten Zusammenhang bedenken müssen, als wir es bislang tun.
Ein schöpfungstheologisches Verständnis von Arbeit verbindet schon im Ansatz Ökonomie und Ökologie. Nach den biblischen Schöpfungsberichten hat der Mensch zwar den Auftrag, die Erde zu beherrschen (Gen 1, 26-28), gleichzeitig ist er jedoch als Geschöpf Gottes in die Schöpfung eingebunden

[30] GAUDIUM ET SPES, Nr. 67, LABOREM EXERCENS, Nr. 25.

[31] Vgl. eine Synthese der Aussagen der Soziallehre in: KOMPENDIUM DER SOZIALLEHRE DER KIRCHE 2006; vgl. dort das Register: S. 441-443.

[32] Vgl. QUADRAGESIMO ANNO, Nr. 74; MATER ET MAGISTRA, Nr. 13; OCTOGESIMA ADVENIENS, Nr. 18; LABOREM EXERCENS, Nr. 18; SOLLICITUDO REI SOCIALIS, Nr. 18; KOMPENDIUM DER SOZIALLEHRE DER KIRCHE, S. 100, S. 287-301, S. 314.

[33] Vgl. PACEM IN TERRIS, Nr. 11-27; LABOREM EXERCENS, Nr. 22.

[34] Vgl. FÜR EINE ZUKUNFT IN SOLIDARITÄT UND GERECHTIGKEIT. 1997, S. 25-28; DIE DEUTSCHEN BISCHÖFE. 2003, S. 18f. Vgl. dazu und zu Gen 2, 15 LEHMANN 1993, S. 137ff., S. 142ff., S. 159ff., S. 170ff., S. 512ff.

2.

und dem Schöpfer gegenüber für sein Handeln in der Schöpfung verantwortlich. In theologischer Perspektive ist Natur niemals bloße Ressource zur Erreichung technisch-ökonomischer Ziele. Natur hat vielmehr einen Eigenwert, den der Mensch auch um seines eigenen Überlebens willen zu achten hat. Der biblische Auftrag, die Erde durch Arbeit zu gestalten, meint nicht einfach souveräne Herrschaft des Menschen über die Natur, sondern schließt immer die Verantwortung für den Erhalt der Natur ein.[35] Zum biblischen Sinn von Weltverantwortung in der Arbeit gehört nicht nur die Aktion, sondern auch das Schonen und Bewahren, Verzichten und Pflegen. Dies ist noch fundamentaler als die ökologisch verstandene Umweltrettung für sich allein. Die Arbeitswelt ist gerade dann ein Ort christlicher Frömmigkeit, wenn die Einzelnen wie auch die Institutionen ihre soziale und ökologische Verantwortung wahrnehmen.

[35] Vgl. dazu ausführlicher DIE DEUTSCHEN BISCHÖFE 1998, S. 34-44.

2. Zu einem schöpfungstheologischen Verständnis gehört sodann ein zweiter Aspekt. Nach christlichem Verständnis ist die Schöpfung Gottes immer auch von der Sünde des Menschen gezeichnet. Arbeit ist deshalb immer auch Mühsal, Auszehrung, Fron und Entbehrung.[36] Man darf diese Einsicht sicher nicht missbrauchen, um Anstrengungen zur Humanisierung der Arbeit zu unterlassen. Aber es gibt durchaus Arbeiten, die für den Erhalt der Gesellschaft notwendig und in diesem Sinne sinnvoll sind, die jedoch von demjenigen, der sie ausführt, in erster Linie, wenn nicht sogar ausschließlich um des Lohnes willen übernommen werden. Derjenige wird seine Fähigkeiten und Interessen dann weniger am Arbeitsplatz als in der Familie und der Freizeit verwirklicht sehen.[37] Daher ist es unter sozialethischen Gesichtspunkten sinnvoll und notwendig, zwischen unterschiedlichen Arbeiten zu unterscheiden und diese Unterscheidung etwa bei der Frage der Arbeitszeitverkürzung oder der Dauer der Lebensarbeitszeit zu berücksichtigen.

[36] Vgl. a. LABOREM EXERCENS Nr. 9.

[37] Vgl. a. GAUDIUM ET SPES, Nr. 67.

3. Wenn wir Arbeit als Mitwirkung am Schöpfungswerk Gottes verstehen, dann gehört zur Arbeit – und das ist mein dritter Aspekt – immer auch die Ruhe. Bei aller Wertschätzung der Arbeit betont **Laborem exercens**, dass der Mensch Gott nicht nur in der Arbeit, sondern auch in der Ruhe nachahmen soll, denn zum Schöpfungswerk Gottes gehört gleichsam als Vollendung die Ruhe am siebten Tag (Nr. 25). Der Mensch verwirklicht sich selbst eben nicht nur in der Arbeit. Selbst in einer Gesellschaft, in der die Arbeit für alle Menschen eine schöpferische Tätigkeit wäre, könnten nicht alle wahrhaft menschlichen Werte in der Arbeit oder durch Arbeit verwirklicht werden. Was unser Leben wertvoll macht, ist oft gerade das, was wir nicht herstellen können, sondern was uns geschenkt wird: Freundschaft, Liebe, ein gelingendes Familienleben.

Der arbeitsfreie Sonntag ist deshalb nicht einfach ein Tag der Erholung, der Regeneration unserer Arbeitskraft.[38] Als solcher wäre er durch einen beliebigen anderen Tag zu ersetzen. Der gemeinsam begangene Sonntag ermöglicht uns vor allem eine neue Sicht auf uns selbst, unsere Mitmenschen und die Welt. Der arbeits- und verkaufsfreie Sonntag ermöglicht uns Distanz zum Alltag, zu den Selbstverständlichkeiten der ökonomischen und technologischen Entwicklung, Distanz auch zu den eigenen Bedürfnissen und Interessen und damit Offenheit für die Erfahrung des Anderen, für Gott.

Das Wechselspiel von Sonntag und Werktag, von „ora et labora" (Hl. Benedikt) meint kein beziehungsloses Nebeneinander von Arbeit und Muße. In der Eucharistie nehmen wir vielmehr Bezug auf die Arbeit. Wir bringen Gott Brot und Wein als „Früchte der Erde und der menschlichen Arbeit" dar, auf dass sie zum Ort der Gegenwart Gottes in unserer Welt werden. In der Eucharistie wird deutlich, dass das christliche Arbeitsethos von der Hoffung getragen ist, dass die vom Menschen gestaltete Schöpfung einst verwandelt und zum Ort der Gegenwart Gottes wird, dass das Streben des Menschen über die Arbeit hinausgeht. Zum Menschsein gehört sowohl die Arbeit als auch die Muße, die ihren Ursprung in der Gottesverehrung, im Kult hat. Josef Pieper hat diesen Zusammenhang von Muße und Kult in einem noch heute lesenswerten Buch gut beschrieben.[39]

Es wäre daher fahrlässig, wenn wir den arbeits- und verkaufsfreien Sonntag durch eine immer weitere Lockerung des Arbeitsverbotes und der Ladenöffnungszeiten um kurzfristiger ökonomischer Vorteile willen in seinem Stellenwert mindern oder gar verlieren würden.[40] Denn der Verlust des Sonntags wäre ein Verlust an Menschlichkeit.

Diese drei Aspekte – Arbeit als Mitarbeit an der Schöpfung Gottes, als Mühsal und das Wechselspiel von Arbeit und Muße – scheinen mir zentrale Bausteine für ein christliches Verständnis der Arbeit zu sein.[41] Sie dürften auch die zentralen Aspekte bei der Behandlung des Themas Arbeit im Religionsunterricht sein.[42] Dabei wäre es aus meiner Sicht auch sinnvoll, dass die Erfahrungen und Aktivitäten der katholischen Arbeitnehmerorganisationen wie CAJ und KAB oder die Erfahrungen der Betriebsseelsorge zur Sprache kämen.[43] Doch ist dies nicht mehr meine Kompetenz und Aufgabe. Denn das Zeugnis von Christen in der Arbeitswelt ist meist ansprechender und überzeugender als manche theologische Darlegung, die zweifellos auch ihr Recht hat.

[38] Vgl. jetzt zusammenfassend: AM SIEBTEN TAG 2002; LEHMANN 2003, Der Sonntag als gemeinsames Erbe, S. 441-452 (Lit.: S. 450f.); LEHMANN 2003, Frei vor Gott, S. 85-97.

[39] PIEPER 2007, S. 11-43; GUGGENBERGER 1999, S. 123-155, bes. 150ff. (auch Arbeitszeitverkürzung, Freizeitprobleme).

[40] Vgl. a. VERHÜLSDONK 2003.

[41] Vgl. LEHMANN 2005.

[42] Vgl. die Hinweise in Anm. 29 und zur Grundlegung: JOAS 2007.

[43] Zum Ganzen vgl. auch LEHMANN 1969, S. 350-375 (Lit.); LEHMANN 1993, S. 416-421; zu einer Synthese vgl. auch ROHLOFF 1997, S. 273-288; vgl. auch JAHODA 1986.

2.

*

Der Religionsunterricht in den berufsbildenden Schulen braucht das persönliche Zeugnis. Er braucht aber auch wissenschaftliche Begleitung und öffentliche Aufmerksamkeit und Unterstützung. Beides leistet, wie wir heute einmal mehr feststellen können, das Institut für berufsorientierte Religionspädagogik in Tübingen seit mehreren Jahren in sehr überzeugender Weise. Dafür gebührt Ihnen, Herr Professor Biesinger, und Ihnen, Herr Dr. Schmidt, und allen ihren Mitarbeitern Dank und ein herzliches Vergelt's Gott.

Mein besonderer Dank aber gilt Ihnen, den Religionslehrerinnen und Religionslehrern. Sie dürfen sich zu Recht als Mitarbeiterinnen und Mitarbeiter Gottes bei der Vollendung der Schöpfung sehen. Dabei müssen die Schwierigkeiten und Belastungen, die der Religionslehrerberuf in der Berufsschule mit sich bringt, nicht verschwiegen werden. Doch auch und gerade in den Belastungen dürfen Sie gewiss sein, dass auf Ihrem Tun Gottes Segen ruht und dass Ihr Unterricht Frucht bringt, auch wenn diese Frucht sich oft erst Jahre später zeigt. Ebenso darf ich Ihnen versichern, dass wir Bischöfe Ihr Engagement für die christliche Botschaft zu schätzen wissen und auch zukünftig nach Kräften fördern werden.

Literatur

AM SIEBTEN TAG. Geschichte des Sonntags, Begleitbuch zur Ausstellung im Haus der Geschichte der Bundesrepublik Deutschland, Bonn, 25. Oktober 2002 bis 21. April 2003, und im Zeitgeschichtlichen Forum Leipzig, 17. Juni bis 12. Oktober 2003, St. Augustin 2002.

ANZENBACHER, ARNO (1984) : Arbeitslosigkeit und Arbeit. In: Internationale katholische Zeitschrift „Communio", 13 (1984), S. 124-134.

ARENDT, HANNAH (1960): Vita und activa oder vom tätigen Leben, Stuttgart 1960.

BAECKER, DIRK (2007): Studien zur nächsten Gesellschaft, Frankfurt a. M. 2007.

BECK, ULRICH (Hrsg.) (2000): Die Zukunft von Arbeit und Demokratie, Frankfurt a. M. 2000.

BENEDIKT VON NURSIA: Die Benediktsregel.

BEUTEL, ALBRECHT (Hrsg.) (2005): Luther-Handbuch, Tübingen 2005.

BIEDENKOPF, KURT (2006): Die Ausbeutung der Enkel. Plädoyer für die Rückkehr zur Vernunft, Berlin [2] 2006.

BRAKELMANN, GÜNTER (1988): Zur Arbeit geboren? Beiträge zu einer christlichen Arbeitsethik, Bochum 1988.

BRIESKORN, NORBERT / WALLACHER, JOHANNES (Hrsg.) (1999): Arbeit im Umbruch. Sozialethische Maßstäbe für die Arbeitswelt von morgen. [Globale Solidarität – Schritte zu einer neuen Weltkultur, Bd. 3], Stuttgart 1999.

BULTMANN, CHRISTOPH / LEPPIN, VOLKER / LINDNER, ANDREAS (Hrsg.) (2007): Luther und das monastische Erbe [Spätmittelalter, Humanismus, Reformation Bd. 39], Tübingen 2007.

CALVIN, JEAN (1997): Unterricht in der christlichen Religion. Institutio christianae religionis, nach der letzten Ausgabe übersetzt und bearbeitet von Otto Weber, Neukirchen-Vluyn[6] 1997, S. 615-623 (III, 21).

CHENU, MARIE-DOMINIQUE / KRÜGER, H. J. (1971): Art. Arbeit. In: JOACHIM RITTER (Hrsg.): Historisches Wörterbuch der Philosophie, Bd. 1, Basel 1971, 480-487.

CHENU, MARIE-DOMINIQUE (1967): Art. Arbeit. In: Sacramentum mundi I, Freiburg i. Br. 1967, S. 306-318.

CHENU, MARIE-DOMINIQUE (1964): L'Église dans le temps, Paris 1964.

CHENU, MARIE-DOMINIQUE (1962): Arbeit. In: Handbuch Theologischer Grundbegriffe I, München 1962, 75-86.

CHENU, MARIE-DOMINIQUE (1956): Die Arbeit und der göttliche Kosmos, Mainz 1956 (Pour une théologie du travail, Paris 1955; geht teilweise auf zwei Artikel 1945/47 zurück).

CHENU, MARIE-DOMINIQUE (1941): Spiritualité du travail, Paris 1941.

CONZE, WERNER (1972): Art. Arbeit. In: OTTO BRUNNER / WERNER CONZE / REINER KOSELLEK (Hrsg.): Geschichtliche Grundbegriffe. Historisches Lexikon zur politisch-sozialen Sprache in Deutschland, Bd. I, Stuttgart 1972, 154-215.

DIE DEUTSCHEN BISCHÖFE – Kommission für gesellschaftliche und soziale Fragen, Das Soziale neu denken. Für eine langfristig angelegte Reformpolitik, hrsg. vom Sekretariat der Deutschen Bischofskonferenz [Erklärungen der Kommissionen Bd. 28], Bonn 2003.

DIE DEUTSCHEN BISCHÖFE – Kommission für gesellschaftliche und soziale Fragen, Handeln für die Zukunft der Schöpfung, hrsg. vom Sekretariat der Deutschen Bischofskonferenz [Erklärungen der Kommissionen Bd. 19], Bonn 1998.

FÜR EINE ZUKUNFT IN SOLIDARITÄT UND GERECHTIGKEIT. Wort des Rates der Evangelischen Kirche in Deutschland und der Deutschen Bischofskonferenz zur wirtschaftlichen und sozialen Lage in Deutschland, hrsg. vom Kirchenamt der EKD und vom Sekretariat der Deutschen Bischofskonferenz [Gemeinsame Texte 9], Hannover/Bonn 1997, S. 25-28.

GAUDIUM ET SPES

GAUGLER, EDUARD (1984): Humanisierung der Arbeit. Arten und Probleme der Arbeitsstrukturierung. In: Internationale katholische Zeitschrift „Communio", 13 (1984), S. 135-144.

GORZ, ANDRÉ (2004): Wert und Kapitel. Zur Kritik der Wissensökonomie, Zürich 2004.

GORZ, ANDRÉ (2000): Arbeit zwischen Misere und Utopie, Frankfurt a. M. 2000.

GROETHUYSEN, BERNHARD (1978): Die Entstehung der bürgerlichen Lebens- und Weltanschauung in Frankreich, Bd. 2: Die Soziallehren der katholischen Kirche und das Bürgertum (1927), Frankfurt 1978.

GUGGENBERGER, BERND (1999): Arbeit und Lebenssinn. In: NORBERT BRIESKORN / JOHANNES WALLACHER (Hrsg.): Arbeit im Umbruch. Sozialethische Maßstäbe für die Arbeitswelt von morgen. [Globale Solidarität – Schritte zu einer neuen Weltkultur, Bd. 3], Stuttgart 1999, S. 123-155.

HANK, RAINER (1995): Arbeit – Die Religion des 20. Jahrhunderts. Auf dem Weg in die Gesellschaft der Selbstständigen, Frankfurt a. M. 1995.

HECK, BRUNO (Hrsg.) (1984): Arbeit – Ihr Wert, ihre Ordnung, Mainz 1984.

HEGEL, GEORG WILHELM FRIEDRICH (1969): Phänomenologie des Geistes, Theorie-Werkausgabe, Bd. 3, Frankfurt a. M. 1969.

HESCHEL, ABRAHAM J. (1990): Der Sabbat. Seine Bedeutung für den heutigen Menschen, Neukirchen-Vluyn 1990.

HILPERT, KONRAD (1980): Ethik und Rationalität. Untersuchungen zum Autonomieproblem und zu seiner Bedeutung für die theologische Ethik, Düsseldorf 1980.

JAHODA, MARIE (1986): Wieviel Arbeit braucht der Mensch? Arbeit und Arbeitslosigkeit im 20. Jahrhundert, Weinheim [2] 1986.

JOAS, HANS (Hrsg.) (2007): Braucht Werterziehung Religion? [Preisschriften des Forschungsinstituts für Philosophie Hannover Bd. 4], Göttingen 2007.

JOHN, OTTMAR (1991): Die Bedeutung von Rationalisierungsprozessen für eine Theologie der Arbeit. In: Wege zum Menschen 43 (1991), S. 144-162.

JONAS, FRIEDRICH (1960): Sozialphilosophie der industriellen Arbeitswelt, Stuttgart 1960.

JUROS, HELMUT (1984): Wovon handelt die Theologie der Arbeit? In: Internationale katholische Zeitschrift „Communio", 13 (1984), S. 116-123.

KÄSLER, DIRK (2003): Max Weber. Eine Einführung in Leben, Werk und Wirkung, Frankfurt [3] 2003.

KERBER, WALTER (Hrsg.) (1984): Arbeitswelt im Umbruch. Arbeitslosigkeit als Anstoß und Herausforderung, Düsseldorf 1984.

KLÖCKER, MICHAEL / TWORUSCHKA, UDO (Hrsg.) (1985): Ethik der Religionen – Lehre und Leben, Bd. 2: Arbeit, München – Göttingen 1985.

KNORN, PETER (1996): Arbeit und Menschenwürde. Kontinuität und Wandel im Verständnis der menschlichen Arbeit in den kirchlichen Lehrschreiben von Rerum novarum bis Centesimus annus [Erfurter Theologische Studien Bd. 73], Leipzig 1996.

KOCKA, JÜRGEN / OFFE, CLAUS (Hrsg.) (2000): Geschichte und Zukunft der Arbeit, Frankfurt 2000;

KOMPENDIUM DER SOZIALLEHRE DER KIRCHE, Rom – Freiburg i. Br. 2006.

KRAMER, ROLF (1982): Arbeit. Theologische, wirtschaftliche und soziale Aspekte [Kleine Vanden-hoeck-Reihe Bd. 1482], Göttingen 1982.

KREBS, ANGELIKA (2002): Arbeit und Liebe. Die philosophischen Grundlagen sozialer Gerechtig-keit, Frankfurt a.M. 2002.

KWANT, REMIGIUS C. (1968): Der Mensch und die Arbeit. Eine phänomenologische Untersuchung, München 1968.

LABOREM EXERCENS

LOSINGER, ANTON (1989): „Iusta autonomia". Studien zu einem Schlüsselbegriff des II. Vatika-nischen Konzils, Paderborn 1989.

LEHMANN, KARL (2006): Menschenwürde: Herkunft und Zukunft. Philosophisch-theologische An-merkungen. In: GÜNTER SEUBOLD (Hrsg.): Humantechnologie und Menschenbild. Mit einem Blick auf Heidegger, Bonn 2006, S. 129-149.

LEHMANN, KARL (2005): Der Mensch im Mittelpunkt des Arbeitsprozesses. Perspektiven einer Theologie der Arbeit. In: ALBERT BIESINGER, JOACHIM SCHMIDT, JOSEF JAKOBI (Hrsg.): Berufliche Bil-dung mit religiöser Kompetenz, [gott-leben-beruf Bd. 2], Norderstedt 2005, S. 18-36.

LEHMANN, KARL (2003): Der Sonntag als gemeinsames Erbe und ökumenische Verpflichtung. In: PETER WALTER u.a. (Hrsg.): Kirche in ökumenischer Perspektive. Festschrift für Kardinal Walter Kasper zum 70. Geburtstag, Freiburg i. Br. – Basel – Wien 2003, S. 441-452.

LEHMANN, KARL (2003): Frei vor Gott, Freiburg i. Br. 2003.

LEHMANN, KARL (2003): Vortrag beim Forum anlässlich der Vollversammlung der Päpstlichen Akademie der Sozialwissenschaften im Vatikan „Über den Primat der Arbeit vor dem Kapitel", Mai 2003 (Redemanuskript, 11 Seiten).

LEHMANN, KARL (1999): Arbeit in christlicher Sicht. Vortrag beim Königsteiner Forum 1999 „Arbeit der Zukunft" (Manuskript, 17 Seiten).

LEHMANN, KARL (1995): Autonomie und Glaube. In: KARL LEHMANN / H. MAIER (Hrsg.): Autonomie

2.

und Verantwortung, Regensburg 1995, S. 11-22.

LEHMANN, KARL (1993): Vom Sinn der Arbeit. In: KARL LEHMANN: Glaube bezeugen – Gesellschaft gestalten. Reflexionen und Positionen, Freiburg i. Br. – Basel – Wien 1993, S.416-421.

LEHMANN, KARL (1969): Der Christ und die Kirche vor dem modernen Berufs- und Arbeitsverständnis. In: FRANZ XAVER ARNOLD u.a. (Hrsg.): Handbuch der Pastoraltheologie. Praktische Theologie der Kirche in ihrer Gegenwart, Bd. IV, Freiburg i. Br. – Basel – Wien 1969, S. 350-375.

LOHSE, BERNHARD (1995): Luthers Theologie, Göttingen 1995.

LOHSE, BERNHARD (1963): Mönchtum und Reformation, Göttingen 1963;

LUTHER, MARTIN (1983): Traktat von der christlichen Freiheit (1520). In: MARTIN LUTHER: Die reformatorischen Grundschriften, Bd. 4, München 1983, S. 9-47.

MATER ET MAGISTRA

MESCHNIG, ALEXANDER / STUHR MATHIAS (Hrsg.) (2007): Arbeit als Lebensstil. [edition suhrkamp, 2308], Frankfurt a. M. 2007.

MIETH, DIETMAR (1985): Arbeit und Menschenwürde, Freiburg i. Br. 1985.

MINNERATH, ROLAND (2007): Gegen den Verfall des Sozialen. Ethik in Zeiten der Globalisierung, Freiburg i. Br. – Basel – Wien 2007.

MÜLLER, SEVERIN (1993): Phänomenologie und philosophische Theorie der Arbeit, Bd. I u. II, München 1993.

NEGT, OSKAR (2002): Arbeit und menschliche Würde, Göttingen ^{2} 2002.

OCTOGESIMA ADVENIENS

PACEM IN TERRIS

PANNENBERG, WOLFHART (1988): Fluch und Segen der Arbeit. In: DIETER SCHART (Hrsg.): Zukunft der Arbeit, Stuttgart, S. 19-37.

PIEPER, JOSEF (2007): Muße und Kult. Mit einer Einführung von Kardinal Karl Lehmann, München 2007.

QUADRAGESIMO ANNO

RAD, GERHARD VON (1981): Das erste Buch Mose. Genesis [Das Alte Testament deutsch, 2/4], Göttingen ^{12} 1981.

RAHNER, KARL (1974): Alltägliche Dinge, Einsiedeln ^{10} 1974.

RAUSCHER, ANTON (Hrsg.) (2002): Arbeitsgesellschaft im Umbruch. Ursachen, Tendenzen, Konsequenzen [Soziale Orientierung, Bd. 14], Berlin 2002.

RIEDEL, MANFRED (1973): Art. Arbeit. In: HERMANN KRINGS u.a. (Hrsg.): Handbuch Philosophischer Grundbegriffe, München 1973, 125-141.

RIFKIN, JEREMY (2005): Das Ende der Arbeit und ihre Zukunft. Neue Konzepte für das 21. Jahrhundert, Frankfurt a. M. 2005 (erweiterte Neuauflage der engl. Erstausgabe von 1995).

ROHLOFF, MANFRED (1997): Vom Herrschen zum Teilen. Ethische Konzeptionen einer Theologie der Arbeit, Neukirchen 1997.

RONDET, HENRI (1956): Theologie der Arbeit, Würzburg 1956.

ROOS, LOTHAR (1984): Theologie und Ethik der Arbeit. In: Internationale katholische Zeitschrift „Communio", 13 (1984), S. 9-115.

RUPPERT, WOLFGANG (Hrsg.) (1986): Die Arbeiter. Lebensformen, Alltag und Kultur von der Frühindustrialisierung bis zum Wirtschaftswunder, München 1986.

SAILER-PFISTER, SONJA (2006): Theologie der Arbeit vor neuen Herausforderungen. Sozialethische Untersuchungen im Anschluss an Marie-Dominique Chenu und Dorothee Sölle, Münster 2006.

SCHILLER, FRIEDRICH (1965): Briefe über die ästhetische Erziehung des Menschen, Stuttgart 1965.

SCHLUCHTER, WOLFGANG / GRAF, FRIEDRICH WILHELM (Hrsg.) (2005): Asketischer Protestantismus und der „Geist" des modernen Kapitalismus. Max Weber und Ernst Troeltsch, Tübingen 2005.

SCHUBERT, VENANZ (Hrsg.) (1986): Der Mensch und seine Arbeit. [Wissenschaft und Philosophie, Bd. 3], St. Ottilien 1986.

SENNETT, RICHARD (2005): Die Kultur des neuen Kapitalismus, Berlin 2005.

SENNETT, RICHARD (1998): Der flexible Mensch. Die Kultur des neuen Kapitalismus, Berlin 1998.

SOLLICITUDO REI SOCIALIS

STECK, ODIL HANNES (1981): Der Schöpfungsbericht der Priesterschrift. Studien zur literarkritischen und überlieferungsgeschichtlichen Problematik von Genesis 1,1-2,4a [Forschungen zur Religion und Literatur des Alten und Neuen Testaments, Bd. 115], Göttingen[2] 1981.

STECK, ODIL HANNES (1970): Die Paradieserzählung. Eine Auslegung von Genesis 2,4b-3,24 [Biblische Studien, Bd. 60], Neukirchen-Vluyn 1970.

TAYLOR, CHARLES (1999): Quellen des Selbst. Die Entstehung der neuzeitlichen Identität, Frankfurt a. M.[3] 1999.

THOMAS VON AQUIN: Summa contra gentiles.

2.

VERHÜLSDONK, ANDREAS (2003): Stört der Sonntag die Marktfreiheit? In: Stimmen der Zeit 221 (2003) S. 805-812.

WESTERMANN, CLAUS (1983): Genesis 1-11. [Biblischer Kommentar, Bd. I/1], Neukirchen-Vluyn [3] 1983.

WOLF, HANS WALTER (1984): Anthropologie des Alten Testaments, München[4] 1984.

WOLF, JÜRGEN (1989): Vom Sinn der Arbeit [Werte und Normen. Ethik/Religion, Bd. 1], Göttingen 1989.

Prof. Dr. Dietrich Benner
Religiöse Bildung. Überlegungen über religiöse Welt- und Gotteserfahrungen als Domäne des öffentlichen Religionsunterrichts

Prof. Dr. Dietrich Benner:
- Studium der Fächer Philosophie, Pädagogik, Geschichte, Germanistik an den Universitäten Bonn und Wien
- 1973 Ernennung zum Professor an der Universität Münster
- 1991 Ernennung zum Professor an der Humboldt-Universität
- 1994-2000 Sprecher der Forschergruppe Bildung und Schule im Transformationsprozess von SBZ, DDR und neuen Ländern
- 2004 Ernennung zum Honorarprofessor an der ECNU Shanghai
- Derzeitiges Forschungsprojekt u.a.: Projekt RuBiQua ("Bildungsstandards im Religionsunterricht")

An welche Zusammenhänge von „gottlebenberuf" hätte wohl Hildegard von Bingen gedacht, die hier ganz in der Nähe gelebt und auf mannigfaltige Weise gewirkt hat, wenn sie sich in unseren Tagen für eine konkrete Lebensform entscheiden müsste? Vielleicht würde sie sich nicht für ein Leben in einem Kloster entscheiden, sondern wählte ein bürgerliches Leben mit einem Beruf außerhalb eines Ordens. Welche Bedeutung erkennte sie wohl bei einer solchen Entscheidung den ausdifferenzierten modernen ökonomischen, moralischen, pädagogischen, politischen, ästhetischen und religiösen Handlungsfeldern und Institutionen zu und welche räumte sie diesen in ihrem Leben ein?

Ich weiß die Antwort nicht. Aber diese Frage führt uns ins Zentrum des Themas dieses Kongresses, auf dem ich als ein bildungstheoretisch argumentierender und im Bereich der religiösen Bildung forschender Erziehungswissenschaftler zu Ihnen sprechen soll.

Mein Vortrag gliedert sich in vier Abschnitte. Der erste setzt sich mit dem Thema Religion-Leben-Beruf auseinander und fragt nach der Grundstruktur jener bildenden Wechselwirkung von Mensch und Welt, die der religiösen Erfahrung zugrunde liegt. Der zweite nähert sich dem Thema Gott-Leben-Beruf und unterscheidet im Rückgriff auf Gründungsurkunden des Christentums zwischen fundamentalistischen und nicht-fundamentalistischen Religionsauffassungen. Im dritten Abschnitt wird nach der Stellung der religiösen Bildung im Raum öffentlicher Erziehung gefragt. Der letzte Teil kehrt zur Eingangsfrage zurück und leitet zu einer der Arbeitsgruppen am Nachmittag über, in der in einem Gespräch mit Albert Biesinger und Friedrich Schweitzer ein Kompetenzstufenmodell für religiöse Bildung zur Diskussion gestellt werden soll, an dem ich zur Zeit an der Humboldt-Universität gemeinsam mit Kolleginnen und Kollegen aus der Erziehungswissenschaft und der Theologie arbeite.[1]

Natürlich hoffe ich, dass die zur Diskussion gestellten Überlegungen am Ende auch etwas zur Klärung der mit Verweis auf Hildegard von Bingen eingangs aufgeworfenen Frage beitragen werden.

1. Zum Zusammenhang von Religion-Leben-Beruf

Dass Christen in Hildegard von Bingen eine Zeugin ihres Glaubens erkennen können, ohne aus dem Leben und Wirken dieser Ordensfrau unmittelbar Antworten für eine zeitgemäße christliche Lebensführung ableiten zu müssen, ist kein Mangel ihrer Religion, sondern weist auf die geschichtliche Offenheit des christlichen Glaubens und seine Anschlussfähigkeit an Aufklärung und Kritik hin. Darauf, wie Religion, Leben und Beruf zusammenhängen, gibt das Christentum keine ein für allemal gültige Antwort, die es bloß zu tradieren gälte. Im Thema des Kongresses „gottlebenberuf" erkennt es vielmehr ein Problem, das immer wieder neu durchdacht und geklärt werden muss.

Seit ihren Anfängen erlaubt die christliche Religion – wider alle fundamentalistischen Strömungen und sektenhaften Verengungen, die in ihr wirksam waren und sind –, Abstimmungsprobleme zwischen Religion und Moral, Leben und Beruf auch reflektierend, problematisierend und innovatorisch zu behandeln. Trotz vieler nachdenklich stimmender und zur Sorge Anlass gebender Gegenbeispiele, verlangt das Christentum von den Gläubigen keinen Kadavergehorsam gegenüber ewigen, das Denken und Handeln der Menschen positiv normierenden göttlichen Geboten. Es weiß sich vielmehr auf die jüdische Religion zurück bezogen, deren Zehn Gebote negative Maximen formulieren, die sagen, was nicht getan werden soll. Der bildungstheoretisch bedeutsame Sinn dieser Gebote scheint mir darin zu liegen, dass sie die positive Ausgestaltung des menschlichen Denkens und Handelns unbestimmt lassen und damit in gewissem Sinne vor religiösem Fundamentalismus schützen.[2] Der älteren jüdischen Religion zufolge prüfte Jahwe Abraham, indem er ein letztes Mal ein Menschenopfer forderte und diesem befahl, den eigenen Sohn zu töten, um dann jedoch, wie von Abraham ersehnt, auf den Vollzug des Opfers zu verzichten. Der Gott des Berges Sinai schloss später mit Mose einen Bund, in dem er versprach, nie mehr Menschenopfer als Prüfstein des Glaubens zu fordern. Die Gründungstexte des Christentums lassen sich in diesem Zusammenhang an vielen Stellen so lesen, dass der christliche Gott auf paradoxe Weise dieses Versprechen und die ihm vorausgegangene Prüfung erneuerte, indem er seinen eigenen Sohn für die Menschen opferte, damit künftig Gottes- und Menschenliebe einander nicht mehr ausschließen müssen. Obwohl das Christentum –

[1] Siehe BENNER 2004 und 2007; BENNER u. a. 2007; NIKOLOVA u. a. 2007; KRAUSE u. a. 2008.

[2] Das gilt selbst für das 1. Gebot, wenn man es mit dem 2. Gebot im Zusammenhang liest. Zu fruchtbaren Zusammenhängen zwischen der Unbestimmtheit moralischer Gebote, negativer Moralisierung und experimenteller Ethik siehe BENNER 2006.

Prof. Dr. Dietrich Benner

Religiöse Bildung. Überlegungen über religiöse Welt- und Gotteserfahrungen als Domäne des öffentlichen Religionsunterrichts

3.

anders als die jüdische Religion – davon ausgeht, dass der Messias bereits in die Geschichte eingetreten ist, ist die Einlösung dieses Versprechens doch auch für Christen bis heute ein problematischer Sachverhalt. Die Antwort auf die Frage nach der Rechtfertigung Gottes angesichts des Bösen in der Welt wird im Christentum nicht in das Belieben eines autokratischen Gottes gestellt, sondern auf das Denken und Tun der Menschen zurückbezogen. Religion ist im Christentum nicht die einzige, wohl aber eine spezifische Weise, wie mit der Frage nach dem Bösen in der Welt umgegangen werden kann. Diese Frage aber gilt es nicht nur religiös in den Formen eines reflexiven Umgangs mit Schuld und der Bitte um Vergebung, sondern auch pädagogisch, ökonomisch, ethisch, rechtlich, politisch sowie in ästhetischen Darstellungen der Welt im Medium von Kunst zu bearbeiten. Die religiösen Aspekte dieses Umgangs können nicht an Ethik und Politik abgetreten werden, sondern verlangen eine erinnernde Solidarität mit den Opfern der Geschichte,[3] in der eine nicht abzahlbare Schuld erinnert und um eine Vergebung gebeten wird, in der Menschen sich ihre Schuld nicht selbst vergeben, sondern ein Leben angesichts einer nicht entschuldbaren Schuld zu führen suchen.

Schon der in den Evangelien zu Worte kommende Jesus hatte auf seine Weise besondere Schwierigkeiten mit der erlösungstheologischen Auslegung der Schuld- und Entschuldungsfrage.[4] Erst das späte Evangelium des Johannes lässt ihn sagen: „Es ist vollbracht." (Johannes 19, 30). Die frühen Evangelien legen dagegen dieses „vollbracht sein" zweifach aus: zunächst bei Markus und Matthäus in den Worten „Mein Gott, mein Gott, warum hast Du mich verlassen?" (Matthäus 27, 46; Markus 15, 34), danach bei Lukas als „Vater, ich befehle meinen Geist in deine Hände!" (Lukas 23, 46).

Gottverlassenheit und Geborgenheit in Gott schließen sich im Christentum – wie übrigens auch im Judentum und dies nicht erst seit der Shoa[5] – keineswegs aus, sondern gehören beide zur Religion hinzu.[6] Das eine ist ohne das andere nicht zu haben. **Unter bildungstheoretischer Perspektive lässt sich sagen, dass dem Christentum, in dem sich Gott nicht nur durch Propheten, sondern durch seine eigene Menschwerdung in der Geschichte offenbart, ein Verständnis von Religion und Leben zugrunde liegt, dessen Gottesbezüge nicht über unmittelbare Gotteserfahrungen, sondern über religiöse Mensch-Welt-Verhältnisse vermittelt sind. In diesen wird Gott in Anbetracht der Schöpfung als Geborgenheit und Ungeborgenheit in Gott-Vater, in Anbetracht der Menschen als Menschensohn und in Anbetracht der Beziehungen zwischen Vater und Sohn als Hoffnung auf einen die Welt und die Menschen mit Gott verbindenden religiösen oder heiligen Geist erfahren.**

Ungeachtet aller in monotheistischen Religionen angelegten fundamentalistischen Gefahren, scheint mir die bildungstheoretische Anschlussfähigkeit der christlichen Trinitätslehre darin zu liegen, dass sie Menschwerdung und Offenbarung, Bildung und Religion in ein nicht-hierarchischen Verhältnis zueinander zu stellen erlaubt.

[3] Zum Begriff der „anamnetischen Solidartität" siehe PEUKERT 1978, S. 300ff.

[4] Zum historischen Jesu und zur Frühgeschichte des Christentums siehe SCHILLEBEECKX 1976.

[5] Vgl. KOLITZ (2004) Erzählung „Jossel Rakovers Wendung zu Gott", die ein eindrucksvolles Beispiel dafür ist, dass negative Erfahrungen auch im Bereich des Religiösen bildende Wirkungen entfalten können.

[6] Siehe hierzu die jüngst durch die Presse hervorgehobenen Eintragungen im Tagebuch von Mutter Theresa.

Diesem zufolge sind die Menschen in religiöser Hinsicht ebenso auf eine Offenbarung Gottes angewiesen, wie der Gott sich nur dem Menschen als einem bildsamen Wesen offenbaren kann.[7] Religiöse Praxis ist nicht als eine Praxis von Göttern zu verstehen, die nach allem, was wir über sie sagen, ohne Religion auskommen. Sie ist vielmehr eine Praxis, in der Menschen ihre eigene Endlichkeit reflektieren und eine „religiöse Musikalität" entwickeln können. Diese Musikalität ist von Schleiermacher, dem evangelischen Theologen und Mitbegründer der modernen Erziehungswissenschaft, als ein zur **conditio humana** gehörendes Gefühl der schlechthinnigen Abhängigkeit gefasst worden.[8] Hierunter ist eine Abhängigkeit zu verstehen, die ungeachtet des Einwandes Hegels[9], dass dann „der Hund der beste Christ" sei, in Freiheit angenommen sowie denkend, handelnd und reflektierend ausgestaltet werden kann.[10] Auf diese Abhängigkeit antworten die Religionen seit alters her mit Ursprungsmythen, Offenbarungen und Ritualen. Sie heben die schlechthinnige Abhängigkeit nicht auf, sondern legen sie in Praktiken einer Frömmigkeit aus, die nicht auf den Bereich des Religiösen begrenzt ist, sondern von diesem aus auf alle Handlungsfelder auf Arbeit und Sitte, Erziehung, Politik und Kunst ausgelegt werden kann.[11]

2. Zur Unterscheidung fundamentalistischer und nicht-fundamentalistischer Ausprägungen von Religion

Vor einigen Wochen habe ich in Berlin in der Volksbühne an der Präsentation der „Hamburger Lektionen" teilgenommen, der Vorführung und Diskussion eines Films von Romuald Karmakar, in dem der Schauspieler Manfred Zapatka zwei ungekürzte Predigten des Hamburger Imam Mohammed Fazazi vorträgt: ruhig und gelassen und mit Untertiteln versehen. Die Untertitel des Films verweisen auf bestätigende Äußerungen des Publikums, aber auch auf ein gelegentliches – Zustimmung und Distanz zugleich anzeigendes – Lachen und zwei oder drei Mal sogar auf nachfragende und reflektierende Reaktionen von Seiten der Zuhörer der Predigt in der Quds-Moschee am Steindamm, einer Moschee, in der die im Film rekonstruierten Predigten im Januar 2000 stattfanden, etwa 20 Monate vor dem 11. September 2001. Der Film ist ein Kunstwerk, das seine deutschsprachigen Zuschauer im Medium einer ästhetischen Darstellung an einer bestimmten Variante der religiösen Welt und Praxis des Islam teilnehmen lässt. Gezeigt wird ein Prediger, der zu vorab eingereichten und später auch zu spontan geäußerten Fragen seines Publikums Stellung nimmt und dabei, auf eine eigentümliche Weise argumentierend und abwägend, mehr oder weniger präzise Anweisungen für eine rechtgläubige islamische Lebensführung erteilt. Die Anweisungen beziehen sich auf das Leben innerhalb der Gemeinde, aber auch auf den Umgang mit so genannten Ungläubigen, wie auch der

[7] Dass dies nicht als Legitimation für eine Abgrenzung Behinderter von Nicht-Behinderten genommen werden kann, hat COMENIUS (1985) immer wieder, so im 12. Kapitel seiner Großen Didaktik zu zeigen versucht.

[8] So sagt SCHLEIERMACHER (1980) in der ersten Fassung seiner Glaubenslehre (1821/22, S. 31), „daß wir uns unsrer selbst als schlechthin abhängig bewußt sind, das heißt, daß wir uns abhängig fühlen von Gott"; in der zweiten Fassung (1830/31, S. 32) formuliert er, „daß wir uns unsrer selbst als schlechthin abhängig, oder, was dasselbe sagen will, als in Beziehung mit Gott bewußt sind".

[9] Vgl. Hegel 1968, S. 19.

[10] Zur Nicht-Überführbarkeit dieser Abhängigkeit in wissenschaftliche oder philosophische Formen eines absoluten Wissens siehe SCHMIED-KOWARZIK 2007.

[11] Zur Auslegung der trinitarischen Horizonte „Sinn, Liebe und Hoffnung" auf die ausdifferenzierten Praxisfelder und Gesellschaftssysteme siehe BIEMER 1973.

Prof. Dr. Dietrich Benner

Religiöse Bildung. Überlegungen über religiöse Welt- und Gotteserfahrungen als Domäne des öffentlichen Religionsunterrichts

3.

Islam seine Heiden nennt. Die in unserem Zusammenhang zentrale Aussage des Imam lautet, der Islam mische sich in alles ein, in jede einzelne Handlung und deren Gesinnung und in alle Beziehungen zwischen den Menschen. Er gebe gültige Antworten auf alle Fragen der Lebensführung. Diese leite er mit wissenschaftlicher Gründlichkeit aus Zeugnissen ab, die unmittelbar auf die Lehre des Propheten und die ersten drei Generationen dieser Religion zurückgingen. Sie entstammten einer Zeit, in der die berufenen religiösen Führer ein fehlerfreies Leben geführt hätten.[12]

In den dargestellten Predigten beantwortet der Imam ganz konkrete Fragen. Dabei begründet er u. a.,

- warum islamische Frauen zu Lande, zu Wasser und in der Luft – außer in besonderen Notsituationen, wenn keine Begleitung möglich ist – nicht alleine reisen dürfen,
- warum islamische Männer in der Regel auch Europäerinnen nicht vergewaltigen sollten,
- und warum im Falle eines heiligen Krieges andere Regeln zu beachten sind und nur solche Abmachungen gelten, die sich auf die heiligen Texte des Islam gründen lassen.

In der zweiten Predigt trägt ein Hörer spontan und frei die Frage vor, ob nicht Vereinbarungen mit Nicht-Gläubigen anzuerkennen seien, wenn sie aus freien Stücken auf der Grundlage der Rechtsordnung eines nicht-islamischen Landes – z. B. bei der Beantragung eines Visums – zustande gekommen seien. Die Antwort des Imam lautet: Verträge, die im Einvernehmen mit und „unter dem Schutz des Islam" stehen, seien einzuhalten, dies auch dann, wenn sie Ungläubige betreffen, Verträge hingegen, die nicht den Islam zur Grundlage haben, seien null und nichtig. Darum sei auch die deutsche Rechtsordnung für Gläubige des Islam nicht bindend. Allzuständigkeit von Religion für Fragen der Lebensführung ist kein auf den Islam begrenzter, sondern auch ein in der christlichen Religion bekannter Sachverhalt[13]. In seinen eigenen fundamentalistischen Phasen hat auch das Christentum Positionen eingenommen, und nimmt es solche heute noch zuweilen ein, die den Argumentationen der Hamburger Lektionen vergleichbar sind und die Radikalität des Islam zum Teil sogar noch überbieten. So beispielsweise

- wenn Christen nach dem Aufstieg ihrer Religion zur römischen Staatsreligion andere Religionen genauso zu bekämpfen begannen, wie sie zuvor verfolgt worden waren,
- wenn die Kirche später Kreuzzüge als heilige Kriege gegen den Islam rechtfertigte,

[12] So weist der Imam in der ersten Predigt darauf hin, „dass die islamische Religion nicht wie das Judentum ist, sie ist nicht wie der Protestantismus und auch nicht wie der Katholizismus. Die islamische Religion ist umfassend, vollständig, widerstandsfähig, komplett und vollkommen, und sie mischt sich ausnahmslos in alle Bereiche des Lebens ein. Der Islam mischt sich ein in Politik, Wirtschaft, Medien, Erziehung, Gebete, Beerdigung, Erbe, Scheidung ... in alles, in Kleidung, Essen, Trinken, Ehe, rauf und runter. Der Islam hat Antworten auf jede Frage und (für alles) ein besonderes Programm. (Auszug aus: KARMAKAR 2006: Hamburger Lektionen, Lektion 1: Fazazi liest Zettel 9).

[13] Vgl. FOUCAULT 1990.

- wenn so genannte Ketzer und Hexen bis in die Religionskriege der Neuzeit, angeblich um ihre Seelen dem Heil zuzuführen, im Namen des katholischen oder des protestantischen Glaubens gefoltert und verbrannt wurden,
- wenn – bis ins 19. Jahrhundert – die Qualität von Schriften und die Lebensführung von Menschen im Namen der heiligen katholischen Inquisition verurteilt und vermeintliches Fehlverhalten nicht nur mit dem Verbrennen von Büchern, sondern auch mit der Hinrichtung von Menschen bei öffentlichen Autodafés bestraft wurde oder wenn protestantische Sekten fundamentalistische positive Normierungen der Moral aus der Religion abzuleiten suchten und bis heute – nicht nur in den USA – ableiten.

Fragt man nach Kriterien für eine Abgrenzung fundamentalistischer Formen des Religiösen von nicht-fundamentalistischen Formen, so findet man in den Evangelien zwei grundlegende Unterscheidungen. Sie haben die christliche Religion in besonderer Weise für bildende Beziehungen zu anderen Formen menschlichen Handelns empfänglich gemacht. Die eine Unterscheidung spricht der christliche Religionsstifter dort an, wo er auf die Frage, ob dem Staat Steuern zu zahlen seien, antwortet: „gebet dem Kaiser, was des Kaisers ist, und Gott, was Gottes ist!" (Matthäus 22, 21) oder wo er vor Pilatus sagt: „Mein Reich ist nicht von dieser Welt." (Johannes 18, 36) Gleichwohl beten Christen zu Gott Vater: „Dein Reich komme. Dein Wille geschehe auf Erden wie im Himmel" (Matthäus, 6, 9-12; Lukas 11, 2). Aber die Bedeutung, die den so ausdifferenzierten Welten und Bezirken für die Lebensführung zukommt, kann im Christentum aufgrund der Unterscheidung zwischen der Welt Gottes und anderen Welten legitimer Weise nicht mehr durch die Religion stellvertretend für die staatliche Gemeinschaft, das eigene Gewissen oder für Wirtschaft, Wissenschaft und Kunst festgelegt werden.

Die andere Unterscheidung hängt damit zusammen, dass das Christentum weder nur eigene Texte als heilige Schrift anerkennt, noch auf den Kreuzestod Jesu als auf ein goldenes Zeitalter zurückblickt. Seine inzwischen zweitausendjährige Geschichte zeichnet sich dadurch aus, dass in dieser in Glaubenspraxis, Theologie und religionswissenschaftlicher Aufklärung immer wieder über die vernünftige Auslegung und das richtige Verständnis des christlichen Glaubens gestritten worden ist. Auf Reinheit im Sinne einer vollendeten und abgeschlossenen Offenbarung kann das Christentum ungeachtet seines an Jesus Christus ausgerichteten Maßstabs schon allein wegen seiner älteren Schwester, der jüdischen Religion und deren Theologie, keinen exklusiven Anspruch erheben. Zu seinen Traditionen und zu seiner Wirkungsgeschichte gehört, dass es von der Antike an immer wieder durch außerchristliche Quellen beeinflusst worden ist und dass in seiner Geschichte keine allumfassende Orthodoxie dauerhaft einen legitimen Sieg erringen konnte.[14] Darum gehören zum Christentum Konfessionen und Kirchen, die unterein-

[14] Vgl. hierzu MARKSCHIES 2007.

Prof. Dr. Dietrich Benner

Religiöse Bildung. Überlegungen über religiöse Welt- und Gotteserfahrungen als Domäne des öffentlichen Religionsunterrichts

3.

[15] Siehe hierzu aus religions-pädagogischer Sicht BIE-SINGER 2002.

[16] vgl. BOLLE 1988; Hierzu gehört auch die besondere An-fälligkeit der monotheistische Religionen für Fundamentalis-mus (vgl. MYNAREK 2006), den jedoch nicht einfach an nicht-fundamentalistischer Polytheismus, sondern Funda-mentalismus polytheistischer Religionen gegenüber stehen. Hier kommt es darauf an, auch nicht-fundamentalistische Ausrichtungen des Monotheis-mus stärker zu würdigen.

ander nicht nur durch gemeinsame Texte verbunden, sondern auch durch deren konkurrierende Auslegung unterschieden sind. Sie haben vor und nach der Refor-mation eine Vielzahl von Theologien und Glaubenspraktiken hervorgebracht, die heute das Gespräch miteinander suchen.[15] **In bildungstheoretischer Sicht ist zu wünschen, dass das Christentum seine Identität in der Vielheit seiner Ausprä-gungen erkennt und zu den nicht-christlichen Religionen in Beziehungen tritt, in denen die Andersheit der Gottesverehrungen – ganz im Sinne von Schleierma-chers Dialektik zwischen empirischer und wahrer Kirche – kultivierend und bil-dend auf jede von ihnen zurückwirken kann.**[16] Ein solcher Umgang des Christen-tums mit dem Islam könnte dessen nicht-fundamentalistische Traditionen stärken, und dies um so mehr, je deutlicher das Christentum den eigenen Fundamentalis-mus in sich selbst offenlegt, erinnert und reflektiert und nicht stellvertretend für eine solche Aufarbeitung der eigenen Geschichte die heute weltweit sichtbaren Fundamentalismen des Islam – unter Vernachlässigung dessen eigener liberaler Traditionen – brandmarkt.

3. Die Vermittlung religiöser Kompetenzen als Aufgabe öffentlicher Erziehung

Nicht nur der Islam, auch das Christentum mischt sich in alle Lebensverhältnisse ein. Wo dies nicht-fundamentalistisch geschieht, folgt es dabei einer Maxime, die Schleiermacher 1799 in seiner Studie „Über die Religion" mit dem Untertitel „Re-den an die Gebildeten unter ihren Verächtern" auf den folgenden Begriff gebracht hat:

„Alles eigentliche Handeln soll moralisch sein und kann es auch, aber die religiösen Gefühle sollen wie eine heilige Musik alles Thun des Menschen begleiten; er soll al-les mit Religion thun, nichts aus Religion. [...] Mit Ruhe soll der Mensch handeln, und was er unternehme, das geschehe mit Besonnenheit. Fraget den sittlichen Menschen, fraget den politischen, fraget den künstlerischen, alle werden sagen, dass dies ihre erste Vorschrift sei; aber Ruhe und Besonnenheit ist verloren, wenn der Mensch sich durch die heftigen und erschütternden Gefühle der Religion zum Handeln treiben läßt."[17]

[17] SCHLEIERMACHER 2001, Zweite Rede, S. 219, 21-31.

Dass alles Handeln moralisch sein soll, ist nicht moralistisch als eine Bevormun-dung der menschlichen Gesamttätigkeit durch irgendeine Wert- oder Prinzipien-ethik zu verstehen. Es besagt, dass das Handeln auf Traditionen und Entschei-dungen beruht und Erfahrungen mit sich bringt, die begründet, reflektiert und ausgewertet werden müssen. Dies gilt für jegliches Handeln, nicht nur für die Be-reiche der sittlichen, politischen und ästhetischen Praxis, auf die Schleiermacher ausdrücklich hinweist, sondern auch für das ökonomische, pädagogische und re-ligiöse Handeln. Schleiermachers „alles mit, nichts aus" betont in diesem Zusam-

menhang, dass diese Bereiche eigene, spezifische und je besondere handlungs-
logische und institutionelle Ausprägungen aufweisen, die sich wechselseitig
thematisieren und zum Gegenstand haben können. So lassen sich beispielsweise
religiöse Ordnungen politisch daraufhin befragen, ob in ihnen demokratische
Grundsätze anerkannt werden, oder juristische Gesetze ethisch daraufhin prüfen,
ob sie das Gewissen und die individuelle Moral staatlich zu normieren suchen. So
kann öffentliche Erziehung aus religiöser Sicht danach beurteilt werden, ob sie
an der Tradierung von Religion mitwirkt und der nachwachsenden Generation ein
reflexives Verständnis religiöser Texte, Rituale und Praktiken vermittelt. In dem
zuletzt angesprochenen Zusammenhang weist Schleiermachers „alles mit, nichts
aus Religion" das fundamentalistische „alles aus Religion" als eine „unheilige Su-
perstition", d.h. als einen Aberglauben zurück, der gegen die anthropologische und
theologische Eigenlogik des Religiösen verstößt. Religiöse Praxis unterscheidet
sich von allen anderen Formen menschlichen Tuns – von Arbeit und Moral, Erziehung, Kunst und Politik – dadurch, dass sich in ihr ein Bewusstsein der Endlichkeit
artikulieren kann, das über das „Gefühl einer schlechthinnigen Abhängigkeit" vermittelt ist. Das Gefühl dieser Abhängigkeit weist über die im engeren Sinne religiöse Koexistenzweise der Menschen hinaus und kann auch auf andere Handlungsfelder ausstrahlen. In den „Reden" beschreibt Schleiermacher diese religiöse
Abhängigkeit als Abhängigkeit vom „Universum", in seiner späteren Theologie legt
er sie auch als Abhängigkeit der Welt und des Menschen von „Gott" aus.[18]

[18] Siehe hierzu EHRHARDT 2005.

In bildungstheoretischer Hinsicht ist von besonderer Bedeutung, dass Schleiermacher das „alles mit, nichts aus" nicht nur auf die Religion, sondern auch auf alle
anderen Handlungsfelder auslegt. So, wie für das Religiöse gelten soll, alles mit,
nichts nur aus Religion zu tun, so soll auch für das Ökonomische, das Sittliche, das
Pädagogische, das Ästhetische und das Politische gelten, dass in diesen Hand-
lungsbereichen alles mit, nichts aber allein aus einem ökonomischen, sittlichen,
pädagogischen, ästhetischen oder politischen Motivationshorizont heraus getan
wird. **Dass sich Religion im Sinne des „mit Religion" in alles einmischt und legitimer Weise einmischen kann und soll, verlangt dann aber auch umgekehrt, dass
auch Religion Einmischungen des Ökonomischen, Pädagogischen, Ethischen,
Politischen und Ästhetischen in ihrem Bereich zulassen und dulden muss. In diesem wechselseitigen Einmischen und Sich-Äußern sowie Zulassen und Dulden
ist die über den Bereich der Religion im engeren Sinne und das Innenleben der
Glaubensgemeinschaften hinausweisende öffentliche Funktion von Religion begründet.**[19] Sie kann im fortschreitenden Prozess der Säkularisierung nicht durch
andere Instanzen übernommen oder ersetzt werden, sondern ist als religiöse
Praxis und Lebensform weiterzuentwickeln und zu tradieren. In dieser Funktion
verlässt Religion die Innenbezirke einzelner Glaubensgemeinschaften, um deren
Weltdeutungen und Handlungslogiken auch in der Auseinandersetzung mit ande-

[19] Zu den Grenzen der Vernunft und des Glaubens vgl.
das Gespräch zwischen
HABERMAS und RATZINGER
2005).

Prof. Dr. Dietrich Benner

Religiöse Bildung. Überlegungen über religiöse Welt- und Gotteserfahrungen als Domäne des öffentlichen Religionsunterrichts

3.

[20] Sabine KRAUSE (2005) hat in ihrer Bachelor-Arbeit an der Evangelischen Schule zum grauen Kloster und an der Jüdischen Oberschule untersucht, inwieweit in diesen Bildungseinrichtungen die Differenz zwischen der innerreligiösen und der öffentlichen Funktion von Religion reflektiert wird, und dabei gezeigt, dass in Berlin jedenfalls ein deutlicheres Bewusstsein hiervor im jüdischen Kontext nachweisbar ist.

[21] Vgl. BENNER 2005.

[22] Vgl. SCHLUß 2006.

[23] Vgl. BELLMANN 2006.

ren Deutungen und Handlungslogiken zur Geltung zu bringen. Dies muss nicht in der Weise geschehen, dass die anderen Praxisfelder fundamentalistisch bevormundet werden, sondern kann auch so erfolgen, dass die Abhängigkeit des Endlichen vom Absoluten in allen Formen des Gesamtlebens thematisiert und darüber hinaus auch in öffentlichen Räumen reflektiert wird.[20]

Eine solche praxeologische und interpraxeologische Kultur[21] kann nur tradiert und erhalten werden, wenn öffentliche Erziehung und Unterweisung dazu beitragen, dass sich in der nachwachsenden Generation unter anderem auch eine religiöse Urteils- und Deutungskompetenz und eine religiöse Partizipations- und Handlungskompetenz entwickelt. Durch ihre Ausbildung können Heranwachsende zu einer selbst gewählten und verantworteten Teilnahme am Leben einer Religionsgemeinschaft befähigt werden und lernen, die Bedeutung der Eigenlogik des Religiösen auch in außerreligiösen Handlungsfeldern mit zu bedenken.

Öffentlicher Religionsunterricht hat mit der innerreligiösen Unterweisung in konkreten Glaubensgemeinschaften gemeinsam, dass er, hierin dem Mutter- und Fremdsprachenunterricht vergleichbar, von Erfahrungen in einer Bezugsreligion ausgehen muss. **Religiöses Denken und Tun kann ebenso wenig wie Sprache ohne Bezugnahme auf eine bestimmte Gemeinschaft erlernt werden. Bildung verlangt nach einer Vertiefung in eine bestimmte Sprache oder in eine bestimmte Religion, um von diesen aus parallel oder später Zugänge zu anderen Sprachen und Religionen zu eröffnen. Von daher kann man sagen, dass der Religionsunterricht wie andere Bereiche schulischer Unterweisung auch von performativen Voraussetzungen abhängig ist, die im Umfeld der Schulen und im Schulleben selbst ihren Ort haben bzw. zu sichern sind.**[22] Zugleich freilich unterscheidet sich öffentlicher Religionsunterricht, auch hierin dem Sprachlernen vergleichbar, dadurch von religiöser Erziehung und Sozialisation in den Innenbezirken der Religionsgemeinschaften und in den Familien, dass er nicht in einer Einheit von Glauben und Leben stattfindet, sondern reflexiv und distanziert mit religiösen Texten, Ritualen und Praktiken umgeht.[23] So wie Lehrerinnen und Lehrer ihren Schülerinnen und Schülern in der Schule die Schriftsprache nicht beibringen, indem sie den mündlichen Sprachgebrauch einfach im Medium der Schrift fortsetzen, sondern indem sie den Bereich der gesprochenen Sprache verlassen und die Buchstaben der Schrift künstlich erschließen, so muss auch Religionsunterricht die unmittelbare Glaubenspraxis in einer Bezugsreligion verlassen, um sich reflexiv ihren Elementen, ihrer Geschichte, ihren Überzeugungen und Kontroversen, ihren Brüchen und Kontinuitäten, Antworten und Problemen zuzuwenden. Einen auf der Einheit von Denken und Tun basierenden performativen Religionsunterricht an öffentlichen Schulen kann es ebenso wenig geben wie einen performativen Sexualkundeunterricht. Aufgabe des Sexualkundeunterrichts ist es ja nicht, dass Lehrerinnen und Lehrer ihre Sexualität zusammen mit ihren Schülerinnen und Schülern kultivieren, indem sie erotische Techniken und Praktiken gemeinsam vollziehen. Statt dessen thematisiert Sexualkundeunterricht biologische, gesellschaftliche und historische sowie ökonomische, moralische, ästhetische und nicht zuletzt auch religiöse und technische Aspekte der menschlichen Sexualität, die sich durch einen unmittelbaren oder praktischen Vollzug eines sexuellen Lebens nicht von selbst tradieren, sondern auf eine künstliche Tradierung durch öffentliche Erziehung angewiesen sind. Genauso steht religiöse Erziehung und Unterweisung in öffentlichen Schulen vor der Aufgabe, Religion nicht unmittelbar, sondern vermittelt über eine Erfahrungs- und Umgangserweiterung tradierbar zu machen.[24]

Im Raum öffentlicher Erziehung gelten für Zusammenhänge zwischen Religion und Leben vergleichbare Regeln wie für Zusammenhänge zwischen Ökonomie, Moral, Kunst, Politik und Leben. Bildende Wirkungen gehen im Kontext öffentlicher Erziehung nicht von performativen Einheiten, sondern von Distanz verschaffenden und Erfahrung und Umgang erweiternden Formen der Unterweisung sowie von Übergängen aus der Sphäre des Unterrichts in selbstverantwortetes Handeln aus.[25] Unterrichtliche Erweiterung von Erfahrung und Umgang ist aber nur dort möglich, wo Erfahrung und Umgang als vorauslaufende Praxis gegeben und als zeitlich nachfolgende Praxis offen stehen bzw. möglich sind. Dies ist eine Voraussetzung, welche öffentliche Erziehung nur gemeinsam mit außerpädagogischen Institutionen sichern kann.[26] **Die zentrale Aufgabe des Religionsunterrichts an öffentlichen Schulen aber ist es nicht, eine empirische Kontinuität[27] religiöser Erfahrungen zu stiften, sondern zur Praxis in Distanz zu treten, durch Reflexion Unterschiede zu erkennen und vermittelt hierüber neue Beziehungen zwischen Denken und Handeln möglich zu machen.**

Eine solche Erfahrungs- und Umgangserweiterung strebt mehr als bloß eine Sicherung von Kenntnissen in einer oder mehreren Bezugsreligionen an, mehr auch als die Erzeugung eines interreligiösen Glaubenspotpourris in den Köpfen und Gemütern von Heranwachsenden. Zu den Aufgaben öffentlicher Erziehung gehört, dass der Blick von der Bezugsreligion des Unterrichts auf diese selbst und auf andere Religionen so gelenkt wird, dass dabei öffentliche Gehalte und Funktionen von Religion sichtbar und diskutabel werden. Hierfür aber ist eine denkende Bearbeitung der Unterschiede unverzichtbar, die zwischen fundamentalistischen Maximen eines „alles aus Religion" und reflektierenden Orientierungen eines „alles mit Religion" nachweisbar sind. Hierzu gehört ebenso die Fähigkeit, entsprechende Unterscheidungen über den Raum der Unterrichtsreligion hinaus auch in interreligiösen und öffentlichen Räumen diskursiv und partizipatorisch zu Geltung zu bringen.

[24] OBST (2007) hat vor kurzem, ein Modell für eine solche Erfahrungs- und Umgangserweiterung konzipiert, das die die pädagogische Operation des Zeigens religionsdidaktisch fruchtbar macht. Siehe hierzu auch PRANGE 2005.

[25] In gewissem Sinne gilt dies auch für religiöse Unterweisung im Raum der kirchlichen Lebensgemeinschaften. Auch in diesen muss Praxis durch Reflexion erweitert und vertieft werden. Zur Möglichkeit einer erfahrungs- und umgangserweiternden bildungstheoretischen und theologischen Konzeptionalisierung des Konfirmandenunterricht siehe SCHLUß 2007.

[26] Mit Blick auf die außerunterrichtlichen Erfahrungen spricht Bernhard DRESSLER (2007) zu Recht von quasi performativen Voraussetzungen des schulischen Religionsunterrichts, der im Raum des Unterrichts beispielsweise nicht Gebete vollziehen, aber die Sprache von Gebeten analysieren kann und dabei noch rückwärts und vorwärts auf performative Vollzüge religiöser Praxis verweist; siehe auch DRESSLER 2006.

[27] Zur Differenz zwischen empirischer Kontinuität und Kontinuität als regulativem Prinzip der Geschichtsforschung siehe BENNER 1969.

Prof. Dr. Dietrich Benner

Religiöse Bildung. Überlegungen über religiöse Welt- und Gotteserfahrungen als Domäne des öffentlichen
Religionsunterrichts

3.

4. Religiöse Deutungs- und Partizipationskompetenz als im Raum öffentlicher Erziehung zu vermittelnde religiöse Basiskompetenzen

Schulische Allgemeinbildung bezieht sich in modernen Gesellschaften darauf, elementare Kulturtechniken, die sich im Zusammenleben der Menschen nicht von selbst tradieren, an nachwachsende Generationen weiterzugeben und diese darauf vorzubereiten, in die ausdifferenzierten gesellschaftlichen Handlungsfelder einzutreten und dort selbständig tätig zu werden. Handlungsfelder, die zur Allgemeinbildung gehören, sind Arbeit und Ökonomie, Sitte und Moral, Erziehung und Pädagogik, Staat und Politik, Medien und Kunst sowie Glaubenspraktiken und Religion. Die für diese Bereiche grundlegenden allgemeinen Kompetenzen lassen sich in Urteils- oder Deutungs- sowie Partizipations- oder Handlungskompetenz unterscheiden. Im Rahmen schulischer Erziehung und Unterweisung zu entwickelnde Urteilskompetenz schließt die Erweiterung der gesprochenen Sprache zur Schriftsprache (Lesen, Schreiben, Rechnen, Zeichnen), der Muttersprache zu Fremdsprachen, der Alltagserfahrungen zu Kunden (Naturkunde, Sozialkunde, Geschichtskunde, Religionskunde u. a. m.) und später zu den Anfangsgründen der Wissenschaften ein. Partizipationskompetenz bezieht sich auf den Übergang aus schulischen Lehr-Lernsituationen in außerschulische Handlungsfelder und Gesellschaftssysteme sowie auf die Teilnahme am öffentlichen Leben. Religiöse Kompetenz lässt sich im Medium öffentlicher Bildung wie die anderen domänenspezifischen Kompetenzen auch in religiöse Deutungs- oder Urteilskompetenz sowie religiöse Partizipations- oder Handlungskompetenz ausdifferenzieren. Erstere schließt so etwas wie ein Theologisieren mit Kindern und Jugendlichen[28] ein, letztere setzt auf eine intergenerationelle Praxis in den verschiedenen Lebensbereichen.

Beispiele dafür, wie Religion als ein öffentlich bedeutsamer Sachverhalt im schulischen Unterricht erörtert werden kann, sind rar.[29] Zu oft wird religiöse Bildung auch in ihren schulischen Präsentationen auf eine innerreligiöse Praxis in Glaubensgemeinschaften reduziert und wegen ihrer engen Bindung an diese ohne Bezugnahme auf die an Distanz und Reflexion gebundene Eigenlogik öffentlicher Erziehung definiert. Religiöse Bildung kann im Religionsunterricht aber auch dadurch vernachlässigt werden, dass dieser vorrangig Themen wie Gewalt, Streit, Drogen, Liebe, Sexualität und Familie behandelt und dabei ohne theologische Bezüge vorrangig ethisch thematisiert. Will man solche Verkürzungen vermeiden und Religion als einen an die Existenz der historischen Offenbarungsreligionen zurückgebundenen Sachverhalt mit öffentlicher Bedeutung thematisieren, so gilt es, Aufgabenstellungen für den Religionsunterricht zu entwickeln, die sowohl auf die innerkirchlichen als auch auf die öffentlichen Aspekte religiöser Urteils- und Partizipationskompetenz zurückbezogen sind und die Beziehungen zwischen bei-

[28] Siehe hierzu das von BUCHER hrsg. Jahrbuch für Kindertheologie; SCHWEITZER 2003; OSER 1993.

[29] Für die Verbindung von Religion, Leben und Beruf siehe BIESINGER 2006, Schulpastoral; BIESINGER 2006, Religionsunterricht; für die Verbindung von Moral und Religion siehe KULD 2000.

den Aspekten als einen unterrichtlich relevanten Sachverhalt zu thematisieren.

In dem zu Beginn meines Beitrags erwähnten Forschungsprojekt wird versucht, Stufen einer sich in Glaubensgemeinschaften, zwischen diesen sowie in öffentlichen Räumen artikulierenden religiösen Urteils- und Deutungs- sowie Partizipations- und Handlungskompetenz voneinander abzugrenzen, empirisch zu beschreiben und für die Evaluation religiöser Bildungsprozesse heranzuziehen.[30] Für die religiöse Deutungskompetenz konnte bereits ein konstruktvalider Test mit Niveaustufen entwickelt werden. In der Beschreibung und Erfassung von religiöser Partizipationskompetenz sind wir noch nicht so weit, sondern erst bei einer noch sehr vorläufigen Fixierung von Niveaustufen angelangt, die womöglich noch größere Korrekturen und Veränderungen erfahren wird.

Die Stufen für Urteils- und Deutungskompetenz beziehen sich auf das Verstehen, Interpretieren und Argumentieren im Umgang mit religiösen Texten, Symbolen und Praktiken in Horizont der Bezugsreligion des Unterrichts, einer fremden Religion bzw. im öffentlichen Raum. Sie reichen vom Wahrnehmen und Interpretieren einfacher und komplexer religiöser Inhalte über das selbständige Verknüpfung relevanter Merkmale und den Nachvollzug vorgegebener oder selbst zu entwerfender Perspektivwechsel bis hin zur Problematisierung religiöser Annahmen in vertrauten und fremden Kontexten sowie im Schnittpunkt der Urteilslogiken und Deutungsmuster unterschiedlicher Praxisfelder.[31] Entsprechende Kompetenzen lassen sich durch Aufgaben testen, die von Schülerinnen und Schülern deutend und urteilend bearbeiten.

Die Stufen für Partizipations- und Handlungskompetenz beziehen sich dagegen auf die Abgabe eigener Stellungnahmen und das Treffen individueller oder gemeinsamer Entscheidungen im Hinblick auf die Bezugsreligion des Unterrichts, den interreligiösen sowie den öffentlichen Raum. Sie reichen von Entscheidungen in vertrauten religiösen Kontexten über solche in problematischen Situationen und führen über Verknüpfungen unterschiedlicher Kontexte und ein Abwägen einander widerstreitender Handlungsalternativen bis hin zur Problematisierung von Üblichkeiten und Gewohnheiten und zur Vorbereitung von Entscheidungen in Anbetracht konfligierender ökonomischer, ethischer, politischer und religiöser Handlungslogiken.[32] Sie lassen sich durch Aufgaben beschreiben und testen, die von den Schülerinnen und Schülern die Strukturierung und Planung von Handlungen und die Berücksichtigung von Kontexten verlangen, die bei der Bearbeitung eines Problems bedeutsam sind.

Darüber hinausgehende handlungserprobte und im Leben bewährte Kompetenzen sind im Bereich des Religiösen wie in moralischen, politischen und anderen Bereichen nicht als unmittelbare Resultate pädagogischer Maßnahmen zu erwarten. Diese können Lern- und Bildungsprozesse durch Unterricht unterstützen und Übergange als pädagogischen in außerpädagogischen Handlungsfelder anbahnen. Die

[30] siehe Anhang 1 und 2

[31] vgl. Anhang 1

[32] vgl. Anhang 2

Prof. Dr. Dietrich Benner

Religiöse Bildung. Überlegungen über religiöse Welt- und Gotteserfahrungen als Domäne des öffentlichen Religionsunterrichts

3.

Pädagogik kann und darf sich aber nicht zur Hüterin und Regentin der Ökonomie, der Moral, der Politik, der Kunst oder der Religion aufschwingen. Das „Alles mit" und „Nichts aus" gilt auch für sie.

Auf die eingangs gestellte Frage, an welche Zusammenhänge wohl Hildegard von Bingen denken würde, wenn sie sich in unseren Tagen für eine konkrete Lebensform entscheiden müsste, können daher vielleicht Antworten wie die folgenden gegeben werden:

- Womöglich würde sich Hildegard wieder für ein Leben in einem Orden entscheiden und dieses Leben auf mannigfaltige Weise führen.
- Vielleicht würde sie sich aber auch für einen bürgerlichen Beruf entscheiden, mit oder ohne Familie und über diesen hinausführenden Lebensformen.
- Da es keinerlei Hinweise darauf gibt, dass Menschen wiedergeboren werden, um ein zweites oder drittes Leben auf unserer Erde zu führen, können wir schlechterdings nicht wissen, wie sich Hildegard von Bingen heute entscheiden würde.
- Wir wissen jedoch, um Eugen Fink zu zitieren, der Religion als das durch Geburtlichkeit und Tod ausgewiesene Koexistential gefasst hat: „In der Welt kommen wir zur Welt und in der Welt gehen wir aus der Welt."[101]
- In ihrem In-der-Welt-Sein stehen Menschen vor dem Problem, alles mit Blick auf dieses in der Welt zur Welt Gekommensein und in dieser Welt aus der Welt wieder Heraustreten zu tun und ihr Leben aus der Vielzahl der koexistentialen Praxen heraus zu gestalten und mit Blick auf Erziehung und Bildung sowie auf „Arbeit, Liebe, Herrschaft, Tod und Spiel" zu führen.
- Daher können wir gewiss sein, dass Hildegard von Bingen auf die im Kongressthema angesprochene Frage nach dem Zusammenhang von „gottlebenberuf" im Sinne dieses „mit" und „nichts aus" geantwortet hätte, eine Antwort übrigens, die sie nicht erst heute geben müsste, sondern in ihrem wirklichen Leben auf individuelle Weise auch tatsächlich gegeben hat, das uns nicht Maßstab und Leitschnur sein will, wohl aber Vor-Bild und Beispiel werden kann.

Literatur

BELLMANN, JOHANNES (2006): Religionsunterricht als ordentliches Lehrfach. Begründungen religiöser Bildung an öffentlichen Schulen. In: JÖRG RUHLFF / JOHANNES BELLMANN (Hrsg.): Perspektiven Allgemeiner Pädagogik, Weinheim – Basel 2006, S. 173-185.

BENNER, DIETRICH u.a. (2007): Ein Modell domänenspezifischer religiöser Kompetenz. In: DIETRICH BENNER (Hrsg.): Bildungsstandards. Chancen und Grenzen, Beispiele und Perspektiven, Paderborn 2007, S. 141-156.

BENNER, DIETRICH (2007): Unterricht – Wissen – Kompetenz. Zur Differenz zwischen didaktischen Aufgaben und Testaufgaben. In: DIETRICH BENNER (Hrsg.): Bildungsstandards. Chancen und Grenzen, Beispiele und Perspektiven, Paderborn 2007, S. 123-138.

BENNER, DIETRICH (2006): Negative Moralisierung und experimentelle Ethik als zeitgemäße Formen der Moralerziehung (deutsch-französisch). In: ANTON HÜGL / URS THURNHERR (Hrsg.): Ethik und Bildung. Ethique et formation, Frankfurt a.M. u.a., S. 83-106.

BENNER, DIETRICH (2005): Allgemeine Pädagogik. Eine systematisch-problemgeschichtliche Einführung in die Grundstruktur pädagogischen Denkens und Handelns, Weinheim – München[5] 2005.

BENNER, DIETRICH (2004): Bildungsstandards für den Religionsunterricht. In: Religionspädagogische Beiträge 53 (2004), S. 5-19.

BENNER, DIETRICH (2002): Bildung und Religion. Überlegungen zu ihrem problematischen Verhältnis und zu den Aufgaben eines öffentlichen Religionsunterrichts heute. In: ACHIM BATTKE u.a. (Hrsg.): Schulentwicklung – Religion – Religionsunterricht. Profil und Chance von Religion in der Schule der Zukunft, Freiburg – Basel – Wien 2002, S. 51-70.

BENNER, DIETRICH (1994): Zum Zusammenhang von Wissenschaftstheorie, Wissenschaftslehre und Gegenstandstheorie am Beispiel der Historie. In: DIETRICH BENNER: Studien zur Theorie der Erziehungswissenschaft, Weinheim – München 1994, S. 13-58.

BIEMER, GÜNTER / BENNER, DIETRICH (1973): Elemente zu einer curricularen Strategie für den Religionsunterricht in der Sekundarstufe II. In: Pädagogische Rundschau 27 (1973), S. 798-822.

BIESINGER, ALBERT / JAKOBI, JOSEF / SCHMIDT, JOACHIM (Hrsg.) (2006): Religionsunterricht an der selbständigen beruflichen Schule – Chancen und Herausforderungen. [gott-leben-beruf Bd. 6], Norderstedt 2006.

BIESINGER, ALBERT / SCHMIDT, JOACHIM (Hrsg.) (2006): Schulpastoral an beruflichen Schulen. [gott-leben-beruf Bd. 4], Norderstedt 2006.

BIESINGER, ALBERT / SCHWEITZER, FRIEDRICH (2002): Gemeinsamkeiten stärken – Unterschieden gerecht werden. Erfahrungen und Perspektiven zum konfessionell-kooperativen Religionsunterricht, Freiburg – Basel – Wien 2002.

DIE BIBEL oder die Ganze Heilige Schrift des Alten und Neuen Testaments nach der deutschen Übersetzung D. Martin Luthers. Witten.

BOLLE, RAINER (1988): Religionspädagogik und Ethik in Preußen. Eine problemgeschichtliche Analyse der Religionspädagogik in Volksschule und Lehrerbildung von der Preußischen Reform bis zu den Stiehlschen Regulativen, Münster 1988.

BUCHER, ANTON (Hrsg.) (2002ff.): Jahrbuch für Kindertheologie, Stuttgart 2002ff.

Religiöse Bildung. Überlegungen über religiöse Welt- und Gotteserfahrungen als Domäne des öffentlichen Religionsunterrichts

3.

COMENIUS, JOHANN AMOS (1993): Große Didaktik. (1657), übers. und hrsg. von ANDREAS FLITNER, Stuttgart 8 1993.

DRESSLER, BERNHARD (2007): Performanz und Kompetenz: Überlegungen zu einer Didaktik des Perspektivenwechsels. In: Theo-Web 2/2007, S. 27-31 (http://www.theo.web.de/zeitschrift/ ausgabe-2007-02/4.pdf).

DRESSLER, BERNHARD (2006): Unterscheidungen – Religion und Bildung. [Forum Theologische Literaturzeitung 18/19], Leipzig 2006.

ERHARDT, CHRISTIANE (2005): Religion, Bildung und Erziehung bei Schleiermacher. Eine Analyse der Beziehungen und des Widerstreits zwischen den „Reden über die Religion" und den „Monologen", Göttingen 2005.

FINK, EUGEN (1976): Nähe und Distanz. Freiburg – München 1976.

FOUCAULT, MICHEL (1990): Was ist Aufklärung? (1984) In: EVA ERDMANN / RAINER FORST / AXEL HONNETH (Hrsg.): Ethos der Moderne. Foucaults Kritik der Aufklärung, Frankfurt a. M. – New York, S. 35-54.

HABERMAS, JÜRGEN / RATZINGER, JOSEF (2005): Dialektik der Säkularisierung. Über Vernunft und Religion, Freiburg – Basel – Wien 2005.

HEGEL, GEORG WILHELM FRIEDRICH (1968): Vorrede zu Hinrichs' Religionsphilosophie. (1822) In: HEGEL, GEORG WILHELM FRIEDRICH: Sämtliche Werke, hrsg. von HERMANN GLOCKNER, Bd. 20, Stuttgart 1968, S. 1-18.

KARMAKAR, ROMUALD (2006): HAMBURGER LEKTIONEN. Film mit deutscher Transkription zweier Reden von MOHAMMED FAZAZI vom Januar 2000.

KOLITZ, ZVI (2004): Jossel Rakovers Wendung zu Gott. (jiddisch – deutsch), hrsg. von PAUL BADDE, Zürich 2004.

KRAUSE, SABINE u.a. (2008): Das Berliner Modell religiöser Kompetenz. Fachspezifisch – Testbar – Anschlussfähig. In: Zeitschrift für Pädagogik Heft: 1/2008.

KRAUSE, SABINE (2005): Religion – ein öffentlich bedeutsamer Sachverhalt und Bildungsbereich? (Bachelor-Arbeit an der Philosophische Fakultät IV der Humboldt-Universität Berlin.)

KULD, LOTHAR / GÖNNHEIMER, STEFAN (2000): Compassion. Sozialverpflichtetes Lernen und Handeln, Stuttgart 2000.

MARKSCHIES, CHRISTOPH (2007): Kaiserzeitliche antike christliche Theologie und ihre Institutionen. Prolegomena zu einer Geschichte der antiken christlichen Theologie, Tübingen 2007.

MEYER-DRAWE, KÄTE (2005): Deus humanus? Bildung unter dem Einfluß moderner Technologien. In: ANNETTE HILT / CATHRIN NIELSEN (Hrsg.): Bildung im technischen Zeitalter. Sein, Mensch und Welt nach Eugen Fink, München 2005, S. 36-56.

MYNAREK, HUBERTUS (2006): Denkverbot. Fundamentalismus in Christentum und Islam, Bad Nauheim 2006.

LÉVINAS, EMMANUEL (1992): Jenseits des Seins oder anders als Sein geschieht, München 1992.

NIKOLOVA, ROUMIANA u.a. (2007): Das Berliner Modell religiöser Kompetenz Fachspezifisch – Testbar – Anschlussfähig. In: Theo-Web H. 2 (http://www.theo-web.de/zeitschrift/ausgabe-2007-02/12.pdf).

OBST, GABRIELE (2007): Religion zeigen – eine Aufgabe des evangelischen Religionsunterrichts? Zwischenruf zu einem aktuellen religionspädagogischen Paradigma. In: Theo-Web H.2 2007, S. 104-123 (http://www.theo-web.de/zeitschrift/ausgabe-2007-02/14.pdf).

OSER, FRITZ (1990): Wieviel Religion braucht der Mensch, Gütersloh 1990.

PEUKERT, HELMUT (1978): Wissenschaftstheorie – Handlungstheorie – Fundamentale Theologie, Frankfurt a.M. 1978.

PRANGE, KLAUS (2005): Die Zeigestruktur der Erziehung. Grundriss einer Operativen Pädagogik, Paderborn 2005.

SCHILLEBEECKX, EDWARD (1976): Jesus. Die Geschichte eines Lebenden, Freiburg – Basel – Wien 1976.

SCHLEIERMACHER, FRIEDRICH (2003): Der christliche Glaube nach den Grundsätzen der evangelischen Kirche im Zusammenhange dargestellt. Zweite Auflage (1830/31) Kritische Gesamtausgabe. Abteilung I, Band 13, 1. Berlin – New York 2003.

SCHLEIERMACHER, FRIEDRICH (2001): Über die Religion. Reden an die Gebildeten unter ihren Verächtern, (1799), hrsg. von GÜNTER MECKENSTOCK, Berlin 2001 (zitiert nach der Paginierung der Kritischen Gesamtausgabe, Abteilung I, Band 2).

SCHLEIERMACHER, FRIEDRICH (1980): Der christliche Glaube nach den Grundsätzen der evangelischen Kirche im Zusammenhange dargestellt. Erste Auflage (1821/22) Kritische Gesamtausgabe. Abteilung I, Band 7, 1. Berlin – New York 1980.

SCHLUSS, HENNING (2007): Entwicklung religiöser Kompetenz im Konfirmandenunterricht. In: Praxis Gemeindepädagogik (PGP) Heft 4/2007.

SCHLUSS, HENNING (2006): Religiöse Bildung – Stationen einer Problemgeschichte und ihre gegenwärtige Krise. In: In: JÖRG RUHLOFF / JOHANNES BELLMANN (Hrsg.): Perspektiven Allgemeiner Pädagogik, Weinheim – Basel 2006, S. 229-242.

SCHMIED-KOWARIK, WOLFDIETRICH (2007): Geschichtsphilosophie und Theologie. In: MYRIAM BIENENSTOCK (Hrsg.): Der Geschichtsbegriff: eine theologische Erfindung?, Würzburg 2007, S. 51-68.

SCHWEITZER, FRIEDRICH (2003): Was ist und wozu Kindertheologie? In: Jahrbuch für Kindertheologie, Bd. 2 , Stuttgart 2003, S. 9-27.

Prof. Dr. Dietrich Benner

Religiöse Bildung. Überlegungen über religiöse Welt- und Gotteserfahrungen als Domäne des öffentlichen Religionsunterrichts

3.

Anhang 1:
Konstruktvalide Stufen religiöser Deutungs- und Urteilskompetenz im Bereich „hermeneutische Fähigkeiten"

Stufe	Beschreibung der Stufe
8	Wahrnehmen und Interpretieren von religiösen Inhalten aus komplexen Textzusammenhängen im Lichte der Kenntnis verschiedener Urteils- und Handlungslogiken (z. B. ökonomischer, religiöser, politischer, ethischer), die in einer Aufgabe in einem ungewohnten Kontext identifiziert und aufeinander bezogen werden müssen.
7	Wahrnehmen und Interpretieren von religiösen Inhalten aus komplexen Textzusammenhängen in Auseinandersetzung mit vertrauten Elementen in fremden Kontexten und Infragestellung von Erwartungen im Lichte der so gewonnenen Erkenntnisse
6	Wahrnehmen und Interpretieren von religiösen Inhalten aus komplexen Textzusammenhängen und Finden einer Antwort durch Hinterfragen und Relativierung eigener Erwartungen im Lichte des Textes
5	Wahrnehmen und Interpretieren von religiösen Inhalten aus komplexen Textzusammenhängen und Finden einer Antwort durch sachangemessene Unterscheidung vorgegebener Informationen
4	Wahrnehmen und Interpretieren von religiösen Inhalten aus komplexen Textzusammenhängen und Finden einer Antwort durch den Nachvollzug eines vorgegebenen Perspektivwechsels
3	Wahrnehmen und Interpretieren von religiösen Inhalten aus komplexen Textzusammenhängen und Finden einer Antwort durch selbständige Verknüpfung von Informationen
2	Wahrnehmen und Interpretieren von religiösen Inhalten aus komplexen Textzusammenhängen
1	Wahrnehmen und Interpretieren einfacher religiöser Inhalte

Anhang 2:
Vorläufige Abgrenzung von Stufen religiöser Partizipation- und Handlungskompetenz im Hinblick auf Kommunikations- und Entscheidungssituationen in eigenen, fremden sowie öffentlichen Kontexten

Stufe	Beschreibung der Stufe
8	Wahrnehmen und Identifizieren komplexer religiöser Kommunikations- und Interaktionssituationen und Treffen einer Entscheidung durch Heranziehung verschiedener Urteils- und Handlungslogiken (z. B. ökonomischer, religiöser, politischer, ethischer) und deren Auslegung auf ungewohnte Kontexte
7	Wahrnehmen und Identifizieren komplexer religiöser Kommunikations- und Interaktionssituationen und Treffen einer Entscheidung unter Vollzug von Perspektivwechsel zwischen eigenen und fremden Überzeugungen
6	Wahrnehmen und Identifizieren komplexer religiöser Kommunikations- und Interaktionssituationen und Treffen einer Entscheidung unter Problematisierung eigener Gewohnheiten in fremden Kontexten
5	Wahrnehmen und Identifizieren komplexer religiöser Kommunikations- und Interaktionssituationen und Treffen einer Entscheidung unter Problematisierung eigener Gewohnheiten in vertrauten Kontexten
4	Wahrnehmen und Identifizieren komplexer religiöser Kommunikations- und Interaktionssituationen und Treffen einer Entscheidung durch Abwägen widerstreitender Handlungsalternativen
3	Wahrnehmen und Identifizieren komplexer religiöser Kommunikations- und Interaktionssituationen und Treffen einer Entscheidung durch Verknüpfung unterschiedlicher Kontext
2	Wahrnehmen und Identifizieren komplexer religiöser Kommunikations- und Interaktionssituationen und Treffen einer Entscheidung in problematischen Kontexten
1	Wahrnehmen und Identifizieren einfacher religiöser Kommunikations- und Interaktionssituationen und Treffen einer Entscheidung in vertrauten eigenen Kontexten

4.

oben links
Rund 450 Teilnehmer füllen
die Aula des Theresianums

oben rechts
Karl Kardinal Lehmann bei
seinem Hauptvortrag

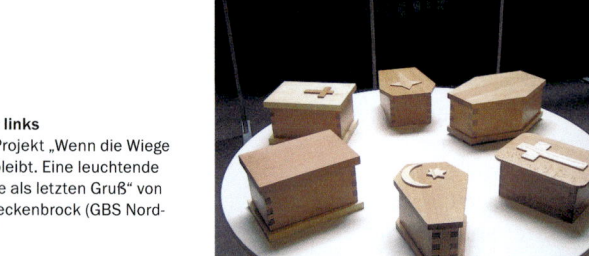

mitte links
Das Projekt „Wenn die Wiege
leer bleibt. Eine leuchtende
Sonne als letzten Gruß" von
M. Weckenbrock (GBS Nord-
horn)

mitte rechts
Reger Andrang auf die
Workshop-Listen

unten links
Die Gebetsschnüre vom Berg
Athos bilden einen wichtigen
spirituellen Impuls

unten rechts
Dr. Johannes Pausch muss
zahlreiche Bücher signieren

oben links
Eindrücke aus dem
Tagungsbüro

oben rechts
Dr. Michael Werhahn im Gespräch mit dem VKR-Bundes-
vorsitzenden Gerald Heinrich

mitte links
Prof. Bader und
Prof. Simon im Gespräch
mit Prof. Biesinger

mitte rechts
Tagungsimpressionen

unten links
Prof. Benner bei seinem
Vortrag

unten rechts
Tagungsimpressionen

Prior Dr. Johannes Pausch OSB
Ora et Labora: Ohne lernen geht nichts

Prior Dr. Johannes Pausch OSB:
- Gründer und Prior des Europaklosters Gut Aich in St. Gilgen (Salzburg)
- Assistent bei Ruth C. Cohn, der Begründerin der Themenzentrierten Interaktion (TZI)
- Gefragter Spiritual- und Kursleiter
- Ein erfahrener Psychotherapeut, geistlicher Begleiter, der die Balance des Lebens schätzt, Kellermeister für köstliche Klosterspezialitäten und erfolgreicher Autor
- Neuestes Buch: Sternstunden und Wüstentage (Kösel Verlag 2007)

Ich versuche jetzt einen schwierigen Part. Aber das haben Religionslehrer normalerweise immer, so zwischen Kaffee und Gulasch den lieben Gott zu vermitteln. Ich werde es versuchen mit dem Thema **ora et labora**, mit dem Zusatz „ohne lernen geht nichts". Wenn wir Benediktiner den Wahlspruch **ora et labora** ernst nehmen würden, dann würden wir entweder Weihwasserenten werden, die fromm reden, oder Workaholics. Das Wesentliche am **ora et labora** ist weder das eine noch das andere, sondern das Wesentliche ist das **et**, das „und", „die Beziehung".

Zwei Dinge sind wichtig beim Lernen, es sind zwei Pole. Das eine ist die Langeweile und das andere ist die Freude. Ich will ein wenig aus meinen eigenen Erfahrungen berichten, dann kann ich Ihnen das besser begreiflich machen.

Als ich etwa ein 15jähriger, aufmüpfiger Schüler war, war bei uns am Gymnasium eine Akademie, dort wurde noch lateinisch und griechisch gesprochen und wir Schüler haben uns jedes Mal fürchterlich aufgeregt, weil wir mit Krawatte anwesend sein mussten und uns schlichtweg zwei Stunden fürchterlich gelangweilt haben. Vor der Aula waren wir gerade, um verzweifelt zu suchen, wie wir dieser Tortur auskommen könnten. Da ist unser Schuldirektor vorbeigekommen und hat gesagt: „Was ist los, warum geht ihr nicht rein?" Da haben wir gesagt: „Es ist ja so furchtbar langweilig". Dann hat er zu uns gesagt: „Burschen, es ist ein Lernziel an unserem Gymnasium, dass man lernt sich zwei Stunden anständig zu langweilen." Sie glauben nicht, wie oft mir das in meinem Leben schon geholfen hat. Vor allem bei religionspädagogischen Kongressen. Das ist der eine Pol. Der zweite Pol ist die Freude, die uns dann meistens abgeht. Wieder eine Erfahrung aus meinem Leben: Als ich mich entschlossen hatte ins Kloster zu gehen, war das eine Katastrophe für meine Familie. Ich stamme aus einem Kirchenwirtshaus. Wir hatten ein relativ gut florierendes Unternehmen und es war eine Katastrophe. Der Großvater, der hat alles versucht diesen jungen, blöden Kerl auf andere Wege zu bringen, als erstes hat er mir viel Geld geboten. Er hat wirklich Geld gehabt, aber wenn man jung und dumm ist, hört man nicht auf Großväter. Dann hat er mir eine fesche Hochzeiterin zugebracht, wie man in Bayern sagt. Das war die Tochter des Nachbarwirtshauses, da hat er dann immer gesagt: „Bub, wenn du die heiratest, gehört alles uns." Ich habe das dann auch nicht gemacht. Aber dann hat er zum dritten Mittel gegriffen und da hätte er mich fast aus den Angeln gehoben. An einem Sonntagvormittag hat er mich in den Erker unseres Wirtshauses gezogen, da war gerade der Sonntagsgottesdienst zu Ende, und dann hat er gesagt: „Bub... jetzt schau mal wie saugrandig die Leute ausschauen, wenn sie aus der Kirche raus kommen. Und dann schau mal, wie fröhlich die ausschauen, wenn sie bei uns aus dem Wirtshaus heraus kommen. Und dann entscheide dich bei welcher Firma du arbeiten willst."

Ich sage Ihnen, diese beiden Grundsätze habe ich versucht zu befolgen. Nun ich möchte heute etwas vermeiden: ich möchte vermeiden, dass Sie nach diesem Referat saugrandig rausgehen. Ich möchte, dass Sie Leben lernen. Beten und arbeiten, als etwas erfahren, das wirklich lebendig ist. Und ich weiß, wie schwer das ist. Mit welchen schwierigen Problemen wir konfrontiert sind. Glauben Sie ja nicht ein Benediktiner, der ein neues Kloster gründet, weiß nicht wie schwierig es ist, religiöse Inhalte, geistliches Leben zu vermitteln. Ich weiß das, wir machen jede Woche einen Kindergottesdienst mit Eltern. Am Anfang waren nur kleine Kinder mit ihren Großmüttern da. Und die Väter und die Mütter haben gefehlt. Und es war traurig zu sehen, dass sie keinen Halt haben. Bis ich dann, den Kindern gesagt habe, es wäre doch ganz schön wenn der Papa oder die Mama auch dabei ist. Dann haben die Buben gesagt: „Ja der Papa schläft noch und die Mama weint." Und dann habe ich gesagt: „Nehmt doch mal beide mit." Mittlerweile haben wir die Eltern der Kinder bei uns und wenn sie eine Stunde lang Gottesdienst miteinander feiern und danach spielen die Mönche des Klosters für Kinder und Eltern Kasperltheater, dann bin ich glücklich, weil diese Kinder mit ihren Eltern eine Erfahrung machen. Sie machen eine Erfahrung, dass sie lebendig sein können und dass sie in diesem Gemeinsamen lebendig sein können, Gott erfahren. Und langsam aber sicher gelingt es uns auch zusehends, wieder die Dinge ins Wort zu bringen. Das ist das Schwierige. Erfahrungen zu machen und sie ins Wort bringen. Ich glaube, das ist Didaktik, Religionspädagogik. Und dabei habe ich ein paar Dinge gelernt, ein paar handfeste Dinge von denen ich glaube, dass sie Wert sind, dass sie bedacht werden. Die erste und wichtigste Erfahrung – ich habe sie auch von anderen gelernt – ist die: Es geht nicht darum, wer Recht hat, sondern es geht darum, was richtig ist. Und es ist wichtig, Menschen zu befähigen, nicht Recht zu haben, sondern die Kraft, die zu nützen, nicht Recht haben zu müssen, sondern Wahrheit zu suchen und erkennen. Wenn ich das als überzeugter Benediktiner sage, der zwar in Dogmatik nur ein befriedigend bekommen hat in der Abschlussprüfung, dann mach ich das mit großer Überzeugung. **Wahrheit hat nichts mit Rechthaberei zu tun, sondern Wahrheit hat etwas damit zu tun, immer wieder etwas Neues zu entdecken. Und vor allem Beziehungen und Verbindungen herzustellen zwischen Menschen und**

5.

Dingen, zwischen denen es normalerweise keine Beziehung gibt. Ich erlebe oft bei Fortbildungskursen für Lehrer in unserem Kloster, dass sie sagen, die Menschen haben keine Beziehung mehr zur Religion, aber sie haben auch keine Beziehung mehr zu sich selber und sie haben auch keine Beziehung mehr zu einander. Und immer dort, wo es keine Beziehungen gibt, keine Verbindungen gibt, da hört es auf religiös zu sein. Denn ich bin der festen Überzeugung, dass Martin Buber mit seiner Übersetzung des ersten Verses des Johannesevangeliums Recht hat, wenn er nicht übersetzt hat „im Anfang war das Wort", sondern übersetzt hat, „im Anfang war die Beziehung". Beziehungen stiften und schaffen zwischen Dingen, die nach allgemeinem Verständnis beziehungslos sind und Beziehungen schaffen zwischen Formeln und Denkmustern, die wir normalerweise überhaupt nicht miteinander in Beziehung setzen können. Was nützt es dem, der einen Motor baut, einen Glaubenssatz, einen religiösen Inhalt zu begreifen. Was nützt das? Und ich bin der Überzeugung, dass wir viel zu wenig Wert darauf legen, den Menschen begreiflich zu machen, dass es ihnen etwas nützt, wenn sie Beziehungen herstellen können. Kein anderer Wert wird in allen Umfragen seit Jahren immer gleich hoch bewertet. Menschen suchen gute, stabile Beziehungen. Und sie schaffen es nicht. Ich glaube, dass wir Kompetenzen in Beziehungen haben sollten und vermitteln sollten. Dann können wir nämlich auch über diese Dinge reden. Aber es ist so schwer diese Zusammenhänge zwischen Glauben und Leben, zwischen Gott und der Welt herzustellen. Das ist unglaublich schwer. Aber sollen wir uns eine leichtere, eine primitivere, eine einfachere Aufgabe suchen? Und dann sagen wir oft, früher war es viel leichter. Ich glaube nicht. Jeder Neuanfang, jeder Durchbruch – und ich glaube, dass es zu einem solchen Durchbruch kommen muss – bricht alte Regeln. Ich glaube, dass es notwendig ist, bei der Vermittlung von Religion, alte Regeln zu brechen. Nicht die Wahrheit. Ein Durchbruch ist immer ein Besinnen auf Wahrheit und dabei scheint mir etwas notwendig zu sein, was der heilige Benedikt uns Mönchen in seinem ersten Wort der Regel gesagt hat. „Sei wachsam, sei achtsam. Höre – **ascultare** – höre und du wirst es sehen, du wirst es hören, was notwendig ist". Wir glauben, dass wir oft das Rad neu erfinden müssen und vergessen, dass wir die reifen Früchte pflücken. Jürgen Mender, Biograph von Albert Einstein, hat einen für mich bemerkenswerten Satz in dieser Biographie geschrieben. Er hat geschrieben, „...Viele sagen, dass Einstein die Relativitätstheorie aus dem Nichts geschaffen hat. In Wirklichkeit hat er nichts anderes getan als die reifen Früchte zu pflücken...". Aber man braucht dazu scharfe Augen und sensible Ohren. Wenn ich etwas vermitteln möchte, dann dies, dass wir hören. Aufmerksam hören, auf das Leben und dieses Leben auch wirklich vermitteln können. Mir scheint, dass wir uns verlieren in Detailfragen und die Grundlagen vergessen. Mark Twain hat in seinem wunderbaren Buch Tom Sawyer diesen für mich Tausend-Euro-Satz gesagt: „Als wir das Ziel gänzlich aus den Augen verloren hatten, verdoppelten wir unsere Anstrengungen." Denn wie oft rudern wir und rudern und rudern und wissen nicht wohin, weil wir nicht mehr das Ziel kennen. Aber eines der Ziele ist, die reifen Früchte zu pflücken. Und dabei scheint mir eine Grundhaltung notwendig zu sein, die ich mit den Worten umschreiben möchte: Nicht die Notenzeilen und die Noten machen die Musik, sondern der Musiker und das Instrument und dieses Miteinander, wenn er fähig ist, das in Beziehung zu setzen. Denken Sie aber auch daran, oft tun wir etwas in unserem pädagogischen Alltag, was richtig ist und was wir gar nicht als Solches und Sinnvolles erkennen.

Als ich mein erstes pädagogisches Praktikum in einem Internat und in einer Schule machte, habe ich so ziemlich alles falsch gemacht, was man falsch machen kann. Und ich war heilfroh, dass ich nach einem halben Jahr davon erlöst war und habe immer wieder Gott gebeten, er möchte mich nie mit den Scherben konfrontieren, die ich in diesem halben Jahr angerichtet habe. Er hat mich auch einigermaßen davor verschont, aber eines Tages läutet es an unserer Klosterpforte und da steht ein junger Mann draußen. Ein braun gebrannter Hüne, 1,90 Meter groß, und stellt sich vor, als einer der Schüler, die ich damals erzogen oder verbogen habe, und er sagte, er möchte mich gerne sprechen. Ich musste mich dem stellen. Kommt strahlend auf mich zu und sagt, er ist gekommen, um sich zu bedanken. Ich habe ihm damals geholfen sein gesamtes Leben zu verändern. Ich habe ihm geholfen, ein Ziel zu finden. Er hat Medizin in Indien studiert und ist jetzt Arzt in einem Kinderkrankenhaus der Mutter Theresa. Er strahlte, war überglücklich. Sie glauben gar nicht, wie mein pädagogisches Ego gewachsen ist. Endlich ein pädagogischer Erfolg. Ich habe ihn eingeladen, wir saßen miteinander da und dann kam natürlich meine Frage, denn ich wollte es ja wissen, ich habe ihn gefragt, was war es denn, was dieses Leben so verändert hat, was diese Richtung gegeben hat? Dann sagt er wie aus der Pistole geschossen, das war die Geschichte mit den heiligen Kühen. Hmm – habe ich mir gedacht, heilige Kühe? In solchen Fällen verspricht ein frommer Mensch dem heiligen Antonius eine Kerze, dass er die verlorene Sache wieder findet. Ich habe ihm drei Kerzen versprochen, aber es hat nichts genützt. Nach ungefähr 10 Minuten musste ich meine Schande eingestehen und habe gesagt: „Es tut mir wirklich leid, ich weiß die Geschichte mit den heiligen Kühen nicht mehr." Da schaut er mich ganz entsetzt an und sagt: „Was Sie wissen es auch nicht mehr? Ich weiß es nämlich auch nicht mehr."
Nicht die Linien und die Noten machen die Musik, sondern der Ton macht die Musik. Wir wissen es oft nicht, was uns prägt und ich denke, die Urerfahrungen des Lebens, Lebenserfahrungen, geistliche Erfahrungen, die wir von unserem ersten Augenblick des Daseins – und da meine ich wirklich angefangen vom Embryonalstadium, durch unser ganzes Leben hindurch machen – die prägen sich ein wie Schwingungen. Ich glaube, wenn wir Religion vermitteln könnten wie Musik, und

5.

nicht den anderen nur leere Worte – auch wenn sie Lehrsätze sind – um die Ohren zu knallen, wäre es sehr vernünftig und besser. Ich habe das Gefühl, ich tu das ja selbst auch. Auch bei der Vorbereitung dieses Referates, als ich die Koreferenten gelesen haben, habe ich mir gedacht, „um Gottes Willen", habe angefangen zu studieren und zu lernen, habe ein großes Paket Skripten gehabt, und dann las ich von einem sehr gescheiten Mann, Nespik, der die Megatrends 2000 geschrieben hat, den Satz: „Pflege keine Informationsfriedhöfe, sondern such die Quellen des Wissens als Hilfe zur Orientierung und zur Inspiration". Ich glaube nicht, dass Wissen falsch ist, aber es ist nicht zielführend, die Menschen mit noch mehr Informationen zu überhäufen, sondern ihnen Wissen, eine Quelle zum Wissen, zum Leben und auch zum Lernen zu vermitteln. Die meisten wissen nicht mehr, was es heißt, Lernen. Benediktiner haben eine gesunde Tageseinteilung. Ein Drittel des Tages beten sie, ein Drittel des Tages arbeiten sie und ein Drittel des Tages lernen sie. Die Zeit zum Schlafen habe ich jetzt ausgespart, das tun sie natürlich auch, aber ein Drittel ihrer Zeit lernen sie. Und Benedikt ist ein großer Lehrmeister des Lernens insgesamt. Er sagt, man darf zu Ungunsten des Lernens nicht die Arbeitszeit verlängern oder die Gebetszeit verlängern. Wir schränken Lernen ein, echtes Lernen. Wir vermitteln nicht mehr, was es bedeutet, wirklich zu lernen. Und Lernen heißt für mich, die Dinge wieder in Beziehung zu setzen, die unglaublichen Dinge in Beziehung zu setzen. Ich habe immer wieder, wenn ich etwas vermittle, was so unglaublich ist, schwierige Aufgaben gestellt. Was haben die innergöttlichen Vorgänge in der heiligsten Dreifaltigkeit mit einem Dieselmotor zu tun? Ja, Sie lachen, ich habe auch lange gelacht. Aber die Beziehung müssen wir herstellen. Wir müssen die Beziehung herstellen zwischen dem was unser Leben bewegt und dem was wir als Wahrheit anerkennen. Und davon bin ich überzeugt, dass diese Lehre der Dreifaltigkeit tatsächlich der Nukleus von allem ist. Denn Gott ist – ich komme wieder drauf, ich sage es Ihnen so oft ich kann – denn Gott ist Beziehung. Er selber ist Beziehung und das Menschen zu lernen, ist eine wichtige Aufgabe. Noch etwas lehrt uns Benedikt, uns Mönche, nämlich dass wir Askese üben sollen. Askese heißt vor allem auch Wissensaskese. Wir wissen nicht mehr wohin wir mit dem ganzen Wissensmist sollen. Es kommt mir manchmal so vor, als ob wir riesige Güllegruben an Mist, an Wissen angehäuft haben und dann gibt es die Hohepriester der Güllegruben, das sind die Professoren an den Universitäten, die rühren dann in diesen Güllegruben um, es stinkt dann zum Himmel, die Gescheitesten von ihnen schaffen es, das Ganze in Biogasanlagen zu Energie umzuwandeln. Aber der meiste Mist bleibt einfach liegen. Laotse hat einmal gesagt: „Wenn du Wissen erlangen willst, dann füge täglich etwas Neues hinzu. Wenn du Weisheit finden willst, dann entferne täglich etwas." Wir sollten dem, was wir wissen nichts mehr hinzufügen, wenn wir nicht ein Stück weit davon aufgeben. Ich glaube, dass wir das auch jungen Leuten vermitteln sollten, **verantwortlicher Umgang mit Wissen heißt: auswählen können. Und wir ver-**

wechseln mittlerweile – da habe ich eine große Skepsis dagegen – wir verwechseln oder wir setzen gleich Theologie und Technologie. Und Theologie ist keine Technologie. Technologie, das ist Wissen und Konstruktion. Theologie ist Sein und Glauben und die Fähigkeit, dies alles miteinander in Beziehung zu setzen. Wenn wir es schaffen könnten, leben zu lernen, nicht nur die technischen Voraussetzungen dafür zu geben, sondern Entwicklungen zu sehen und in Beziehung zu setzen, dann würden wir sehen, wie dringend wir diese Religion in unserem Leben brauchen würden.

Eine Spitzenköchin, Johanna Maier aus Filsmoos, hat mir einmal gesagt, was der Unterschied zwischen einer Spitzenköchin und einem Fastfoodkoch ist. Und sie hat gesagt, sie haben die gleichen Produkte, sie haben vielleicht sogar das gleiche Rezept, sie haben beide eine ungeheure Masse an Technologie zur Verfügung. Aber die Spitzenköchin kocht mit Herz und mit Geist und das ist das, was Theologie und Pädagogik ausmachen würde. Ich glaube, wenn es uns gelingen könnte, Menschen dazu zu animieren, miteinander in Beziehung zu kommen, dann könnte es möglich sein, dass diese Religionspädagogik wieder attraktiv wird.

Denn – und jetzt komme ich zu einer Haltung, die die Benediktiner wahrscheinlich auszeichnen sollte, aber die sie nicht haben, wenigstens nicht in der Perfektion haben, weil das nicht möglich ist – jetzt komme ich zu einem Begriff, der vielleicht ganz altmodisch ist. Ich traue es mich fast nicht deutsch zu sagen, deswegen sage ich es lateinisch. Jetzt komme ich zu dem, was die Benediktiner humilitas nennen. Im Deutschen sagt man Demut dazu und das ist häufig und oft missverstanden worden als Buckeln, als Falschheit. Das meine ich nicht. Wenn ich mir diesen Begriff der humilitas anschaue, dann hat er drei Wurzeln, die miteinander ganz eng in Beziehung stehen. Und das sind die drei Wurzeln, die Lernen möglich machen. Vor allem miteinander lernen möglich machen. Diese drei Wurzeln sind homo, Mensch sein und Mensch werden. Humus, das ist der Wandlungsprozess und Humor. Ohne den geht gar nichts. Humor ist das, was Geist und das Was lebendig macht. Ich möchte Sie also als Benediktiner mit diesem Begriff der humilitas ein wenig vertraut machen. Ihn zu lernen lohnt sich. Mensch sein zu lernen. Und Menschwerdung zu lernen. Benedikt meint, dass das wichtigste Lernen von Menschsein Stabilität ist. Der zweite Tausend-Euro-Satz heute lautet: „Stabilität ist die Voraussetzung für die Dynamik und nicht umgekehrt." Ich kann mich nur entwickeln mit einem Minimum an Stabilität. Stabilität im körperlichen, im seelischen und im geistigen Sinn. Im Moment gibt es eine Ideologie, die nur auf Dynamik, auf Veränderung, auf Mehr, auf Besser setzt und wir vergessen, dass wir zuerst einmal Stabilität brauchen. Benedikt nennt zwei Formen von Stabilität und das sind pädagogische Formeln. Er sagt, es gibt eine **stabilitas sua**, eine Eigenständigkeit. Wir würden sagen Selbständigkeit. Und er spricht von **stabilitas in congregatione**, d.h. Beständigkeit mit anderen. Modern übersetzt, würde das heißen: Selbstverantwortung und Mitver-

5.

antwortung. Selbstverantwortung und Mitverantwortung gibt Stabilität und vermittelt Stabilität und das kann ich nur, wenn ich z. B. Rhythmen beachte. Wenn ich weiß, dass Stabilität nicht Starrheit bedeutet. Oder Erstarrung, sondern Bewegung. Ein Mensch, der steht, in sich selber ruht, der erstarrt nicht. Sie können das einmal an sich selber ausprobieren. Stehen Sie einmal ruhig, innerlich ruhig und gesammelt. Dann werden Sie entdecken, der Körper bewegt sich. Stabi-lität hat also etwas mit dem Bild eines Weizenhalms zu tun, der eine ungeheure Stabilität hat und der aber gleichzeitig diese Stabilität dadurch erhält, dass er mit anderen in diesem Weizenfeld steht. Die Stabilität eines Weizenhalms ist größer als die eines Hochhauses. Das ist die Stabilität, die wir vermitteln müssen. Oft wenn ich in die Schule komme, mittlerweile meistens in meiner Funktion als Psychotherapeut, weil wir ein Ambulatorium für Psychotherapie und Physiotherapie bei uns im Kloster führen, werde ich meistens in Krisensituationen gerufen und die erste Frage ist immer: Was gibt dieser Schule, dieser Klasse, diesen Menschen, diesen Lehrern Stabilität und was destabilisiert und was tut ihr dafür, um eure Einzelnen und alle zu stabilisieren und was tut ihr, um sie zu destabilisieren? Es gibt nämlich meistens viel mehr Destabilisatoren als Stabilisatoren. Das heißt, Mensch werden heißt, Stabilität zu gewinnen. Standfestigkeit. Selbstbewusstsein. Dann gelingen auch die Beziehungen. Ein Mensch ohne Stabilität ist auch beziehungsunfähig. Stabilität hat etwas mit Rhythmen zu tun. Eine Schule, ein Unterricht, der keine Rhythmen vermittelt, keine Stabilität vermittelt, wenn Kinder und Jugendliche nicht mehr wissen, worauf sie sich verlassen können, vermittelt keine Beziehungsfähigkeit.

Vor 12 Jahren habe ich mir einmal ein Spiegelzitat gemerkt, da ging es um die pädagogische Krise und da stand der Satz: „Ein Lehrer muss wie eine Eiche sein, an dessen Borke sich die Schweine ihren Dreck abkratzen." Das ist vielleicht ein sehr hartes Bild, aber ich glaube, da ist was dran. Ich kann als Lehrer und Lehrerin kein Wattebausch sein, sondern ich muss Stabilität haben und ich muss Widerstand leisten. Oft wird es in Bezug auf Religion vergessen. Ich habe was gegen diese Weicheierkatholiken, diese Softies, die unter dem Deckmantel der Nächstenliebe, ihre voll gekackten Windeln beschönigen wollen. Ich kann das so deftig ausdrücken, weil ich durch diese Phasen auch durch gegangen bin. Auf die Dauer habe ich gemerkt, das stinkt zum Himmel und das ist also nicht zielführend.

Wir waren beim Mensch sein, beim Mensch werden. Das Zweite, das aus dieser Wurzel der humilitas kommt, ist der Humus. Humus ist etwas, was zuerst einmal nicht schön ist. Humus bedeutet Wandlung. Stabilität ohne Wandlungsfähigkeit ist keine Stabilität. Wandlungsfähigkeit bedeutet eine Totalveränderung. Eine substantielle Veränderung. Eine neue Qualität und zwar eine Qualität aus dem Mist. Ich hoffe, einige von Ihnen haben schon einmal Mist ausgebreitet in der Landwirtschaft. Das ist keine schöne Angelegenheit, auch wenn der Miststreuer einiges macht. Das stinkt zum Himmel. Aber der Mist ist das Kostbarste, was es gibt. Nicht nur in der Landwirtschaft, sondern auch in der Pädagogik. Als junger Lehrer hat mir ein alter Mitbruder und Kollege gesagt: „Jetzt kommen sie wieder nach den Ferien und du wirst dich grün und blau ärgern. Und sie werden Fehler machen und du wirst mehr rote Tinte brauchen als sonst irgendetwas." Und da hat er gesagt: „Sei dankbar dafür, denn genau dieser Mist gibt dir deine Existenzberechtigung." Ich muss Ihnen ehrlich sagen, ich habe manchmal darum gebetet, es könnte auch ein bisschen weniger Mist sein. Und es kostet Kraft und es kostet Vertrauen, weil wir oft nicht wissen und nicht glauben, ob aus all dem dann doch noch etwas herauskommt. Aus Mist etwas zu machen, bedeutet auch etwas wieder in den Boden in die Erde hineinzubringen. Das, was wir verachten, in Beziehung zur Erde zu setzen. Wenn wir unsere Lehrpläne so gestalten könnten, dass wir sagen, der Mist, der produziert wird, wird von uns in den Boden des Lebens hineingebracht, dann hätten wir unglaublich viel verstanden, von dem was Glaube, Hoffnung und Liebe meinen. Und das heißt auch am Menschen und an Werten orientiert handeln. Wissen Sie was Werte sind? Ich mache mir oft Gedanken darüber. Seitdem wir im Kloster auf Bioenergie umgestiegen sind, weiß ich, dass das Kostbarste, was es gibt, tatsächlich der Abfall ist. Die Grünen lehren uns das. Gott sei Dank, die haben da Recht. Aus den Abfallprodukten wieder etwas Neues zu machen – so neu ist das im Übrigen nicht – Jesus hat das auch so gemacht. Er hat auch mit dem Mist und dem Abfall der Menschen, er hat sie verwandelt, er hat sie in Beziehung gesetzt und er hat sich selber in Beziehung gesetzt und daraus entstand das, was wir Erlösung nennen.

Der letzte Punkt ist der Humor. Also das ist mir das Allerwichtigste und das hat etwas mit Freude zu tun. Das hat etwas mit dem Hl. Geist zu tun. Ich glaube, der Humor ist eine Gabe des Hl. Geistes. Und wenn man keinen Humor mehr hat, dann sollte man wirklich einpacken. Und man sollte sogar humorvoll sein, angesichts des Irrsinns dieser Welt und angesichts des Todes und man sollte sogar humorvoll sein, angesichts des Teufels. Sie glauben mir das nicht, ich glaube an den Teufel, nein, ich glaube an Gott, aber ich glaube den Teufel gibt es und zwar deswegen, weil er mir Gelegenheit gibt humorvoll zu sein. Ich habe den alten Brauch in unserem Kloster wieder aufgenommen, in der Osternacht kurz vor dem großen Halleluja den Osterwitz zu erzählen. Die Benediktiner haben diese Tradition, die Vorgabe ist, man muss diesen Osterwitz erzählen und alle müssen lauthals lachen und aus diesem Lachen, entsteht dann das Halleluja. Ich glaube, das Halleluja ist eine liturgische Verballhornung des Lachens. Eine meiner guten Lehrerinnen, Ruth Cohn, die hat mir gesagt: „Wenn du in eine Gruppe hinein gehst und du hast keine Freude mehr, dann geh' nicht hinein." Es gibt schon Situationen, wo man nicht mehr mit Freude reingehen kann, aber wenn wir diese Grundhaltung der Freude und des Humors nicht haben, dann müssen wir im Grunde genommen aufhören zu leben und zu unterrichten, wenn dieses Lachen nicht mehr kommt und damit meine ich nicht

5.

den Spott und die Häme, sondern dieses befreiende Lachen.

Zum Schluss erzähle ich Ihnen noch den Osterwitz vor drei Jahren. In einem Kloster war ein Mitbruder, der hat nur immer Gutes gesagt. Er hat nie über einen anderen etwas Böses gesagt. Er war einfach so gut. Und dann haben seine Mitbrüder, die nicht so gut waren, gesagt, wir führen ihn auf's Glatteis. Wir fragen ihn, was er vom Teufel hält, weil er über den sicher nichts Gutes sagen kann. Und dann haben sie ihn also gefragt: „Sag mal, was hältst du denn vom Teufel?" Und dann hat er geantwortet: „Eines muss man ihm lassen, fleißig ist er."

Dr. Michael Werhahn
Warum Werte für Unternehmen und in der beruflichen Bildung unverzichtbar sind

Dr. Michael Werhahn:
- Dr. Michael Werhahn ist Finanzvorstand der Wilhelm Werhahn KG mit Sitz in Neuss
- In mehr als 160 Jahren hat sich die Werhahn KG zu einer Unternehmensgruppe mit vielfältigen Aktivitäten im In- und Ausland entwickelt
- Geschäftsbereiche der Wilhelm Werhahn KG: Natursteine, Backprodukte, Zwilling-Gruppe, Beteiligungen
- In der Werhahn-Gruppe arbeiten derzeit 265 Auszubildende
- Mitglied im Stiftungsrat „Religion und Berufsbildung"

Als mich Prof. Biesinger auf einen Eingangsvortrag für einen der heutigen Arbeitskreise ansprach und das Thema „Warum sind Werte für ein Unternehmen wichtig" vorschlug, ersetzte ich instinktiv das Wort „wichtig" durch „unverzichtbar" und behielt es für diesen Vortrag bei. Die nur scheinbar schärfere, aber letztlich etwas anspruchslosere Formulierung „unverzichtbar", also „notwendig" statt „wichtig", erspart uns die Bearbeitung des Themas im Vergleich mit anderen mehr oder weniger wichtigen Aktivitäten eines Unternehmens und erlaubt mir logisch sparsam, primär mit der Funktionalität von Werten in der Führung zu argumentieren, auch wenn gelegentlich Hilfsargumente aus einer christlichen Erziehung durchscheinen. Die funktionale Argumentation ist hoffentlich auch dem Berufsschullehrer bei seinem Versuch nützlich, bei der Behandlung des Themas den Schüler aus seiner konkreten Alltagswelt abzuholen und ihn so anfänglich für die Diskussion des Themas „Werte" zu öffnen. Das Wort „unverzichtbar" oder „notwendig" macht auch klar, dass Werte allein nicht hinreichend dafür sind, ein Unternehmen gut zu führen. Hierzu gehören auch Ziele sowie ganz andere Fähigkeiten und Eigenschaften, die hier nicht behandelt werden. Was sind nun aber Werte, welche sollen es sein und welche sind unverzichtbar und was hat das mit der beruflichen Bildung zu tun? Ich gliedere meinen Vortrag in zwei Teile – zunächst spreche ich über die Notwendigkeit von Werten in Unternehmen und dann über die Notwendigkeit von Werten in der beruflichen Bildung.

Vom Wert der Werte in Unternehmen

Herrn Professor Biesinger verdanke ich den Hinweis auf die Definition von „Werten" in Wikipedia – an sich dachte ich, Theologieprofessoren informieren sich im LThK – dort heißt es:

„Werte sind die konstitutiven Elemente, ‚Ecksteine' der Kultur, die Sinn und Bedeutung des menschlichen Zusammenlebens und damit auch des Zusammenlebens in der Wirtschaft bestimmen".

Im Klartext:

Werte können über die Kulturen hin variieren. Sie bestimmen unser Zusammenleben. Wirtschaft ist ein Teil des Zusammenlebens, aber nicht das Lebensziel. Wirtschaften ist deshalb den allgemeinen Wertvorstellungen unterworfen und kann maximal Ziele, nicht Wertvorstellungen aus sich selbst heraus setzen.

Welche Werte sind nun unverzichtbar im Zusammenleben von Menschen in Unternehmen?

Aus dem Funktionalitätsgedanken fallen mir hier zunächst Werte in der Nähe der oft gering geschätzten Sekundärtugenden ein. Der funktional wichtigste Wert im Zusammenleben und insbesondere in der Wirtschaft ist die Glaubwürdigkeit. In einer auf Freiheit gegründeten Wirtschaft vollzieht sich der Leistungsaustausch auf der Basis von Vertrag oder Versprechen einerseits und der Erfüllung der geschuldeten Leistung zum richtigen Zeitpunkt andererseits.

Die Unterscheidung zwischen Vertrag und Erfüllung des Vertrages ist wichtig: Die Parteien richten sich aufeinander ein und verabreden bestimmte Aktionen in der Zukunft und setzten dabei voraus, dass die Gegenseite ihr Versprechen auch hält. Dieses setzt Glaubwürdigkeit voraus. Dazu zwei Beispiele:

1. **Der Anstellungsvertrag**

   Der Mitarbeiter verspricht pünktlich zu kommen und ordentlich zu arbeiten. Das Unternehmen verspricht ihn ordentlich zu behandeln und zu bezahlen. Sowohl das Unternehmen wie der Mitarbeiter gewinnen Planungssicherheit für die Zukunft – der Mitarbeiter für sein benötigtes Einkommen, das Unternehmen für die Verfügbarkeit des Mitarbeiters zu den verabredeten Zeiten.

2. **Liefervertrag mit einem Kunden / Zulieferung just in time an ein Montagewerk, z. B. der Autoindustrie**

   Das Montagewerk verlässt sich auf die pünktliche Lieferung, damit die Produktion bei Weiterlaufen der Fixkosten nicht stillsteht. Es hat so Planungssicherheit. Der Lieferant verlässt sich – hoffentlich zu Recht – auf die Zahlung des vereinbarten Kaufpreises, kann Vormaterialien bestellen und seine Mitarbeiter einteilen. Hier schließt sich der Kreis zur Glaubwürdigkeit der Mitarbeiter, nämlich ihrer Einhaltung des Versprechens zur verabredeten Zeit zu kommen, ohne die die Glaubwürdigkeit der Lieferzusage des Unternehmens nicht gegeben ist.

Wir sehen an einem simplen Beispiel, dass die Komplexität der heutigen Liefer- und Leistungsbeziehungen zwischen Unternehmen eine umfangreiche Vorabstimmung zwischen allen Beteiligten erfordert, und Vorabstimmung ohne Verlässlichkeit und damit Glaubwürdigkeit der Partner ist vergeblich. Eine Firma ohne Glaubwürdigkeit und ohne glaubwürdige Mitarbeiter ist letztlich nicht kontraktfähig und damit auch nicht geschäftsfähig. Dieses gilt umso mehr, je höher die Komplexität und Arbeitsteiligkeit der gesamten Wirtschaft ist. Die Forderung nach hoher Effizienz der Prozesse bewirkt eine hohe Spezialisierung und Arbeitsteilung und erfordert damit letztlich eine hohe Glaubwürdigkeit aller Beteiligten.

Ich möchte den Begriff der Glaubwürdigkeit aber über die Erfüllung definierter Leistungsversprechen hinaus auf die Erfüllung berechtigter Erwartungen und insbesondere auf die Erfüllung der Erwartung zukünftiger Berechenbarkeit in Grundsatzfragen erweitern. Man kann nicht alles im Voraus in Verträgen regeln, Verträge müssen gelebt werden, d. h. Verträge und Verabredungen sind der sich jeweils ändernden Realität sinngemäß anzupassen. Mit der sinngemäßen Anpassung der Auslegung von Absprachen – hier sind wir schon beim Grundsatz von Treu und Glauben laut BGB – wird aus Glaubwürdigkeit durch verlässliche Vertragserfüllung auch Vertrauenswürdigkeit. Wer einen Geschäftspartner als Dauerkunden behalten möchte, muss ihn überzeugen, dass er vertraglich nicht geregelte, sich neu ergebende Umstände in einem von Werten wie Treu und Glauben oder Anstand oder Fairness bestimmten Entscheidungsprozess zu regeln versucht. Dies gilt dann auch für die Erwartung eines fairen, also eines wertgebundenen Verhaltens in zukünftigen Geschäften, denn geschäftliche Partnerschaften sind meist auf Dauer angelegt, weil die Anlage auf Dauer nicht nur angenehm, sondern ökonomisch effizient ist.

Dasselbe gilt für die Mitarbeiter. Auch sie wollen darauf vertrauen können, dass sie bei sich ändernden Umständen fair und anständig, d. h. ohne Ausnutzung ihrer Abhängigkeit behandelt werden.

Glaubwürdigkeit und Fairness, also Werte, sind aber nicht nur gegenüber Mitarbeitern und Geschäftspartnern erforderlich, sondern erleichtern auch die ordentliche Führung eines Unternehmens. Da ein Vorstand schließlich aus Effizienz- und Motivationsgründen nicht alle Entscheidungen selber treffen kann und will, sondern bewusst viele Entscheidungen an seine Führungskräfte und Mitarbeiter delegiert hat, erfordert es die Glaubwürdigkeit im Sinne von Berechenbarkeit und Vertrauenswürdigkeit des Unternehmens auch, dass die Führungskräfte und Mitarbeiter in ihren jeweiligen Verantwortungsbereichen einerseits zielorientiert, andererseits aber gebunden an die von dem Unternehmen hochgehaltenen Werte entscheiden.

Wenn eine Firma am Markt als eine zuverlässige und auch als zukünftig kontraktfähige Einheit wahrgenommen werden möchte, tut sie gut daran darauf zu achten, dass die Entscheidungen ihrer Entscheidungsträger auch nach denselben oder ähnlichen Ziel- und Wertekriterien getroffen werden, sonst ist sie keine definierbare und führbare Einheit mehr. Werte helfen deshalb, eine Firma zu führen und sie damit als wahrnehmbare Einheit am Markt zu positionieren. Damit ist ausdrücklich nicht gesagt – und ich wiederhole mich hier – dass das Vorhandensein von Werten hinreichend für die Führung oder den Geschäftserfolg ist.

Zu den Themen Führung durch Delegation von Entscheidungskompetenz gemäß Zielen und Werten gehört auch der Begriff der Verantwortlichkeit.

Delegation von Entscheidungen gemäß Ziel- und Wertekriterien schafft definierte Verantwortlichkeit. Jeder kann im Prinzip nachträglich für seine Entscheidungen verantwortlich gemacht werden. Es ist grundsätzlich prüfbar, ob die Entscheidungen gemäß den Ziel- und Wertekriterien getroffen wurden. Diese Möglichkeit der Überprüfung, die gar nicht dauernd wahrgenommen wird und werden sollte, führt aber beim jeweiligen Entscheidungsträger idealerweise dazu, dass er sich an den bekannten Werten und Zielen ausrichtet und organisationsmäßig dazu, dass die Organisation als solche dezentral relativ gleichartig entscheidungsfähig ist, also eine „Kultur" hat. Die dezentrale Entscheidungsfähigkeit reduziert Komplexität und ist deshalb effizient, funktioniert aber nur mit Zielen und Werten. Die Delegation von Entscheidungskompetenzen und -freiheiten im Rahmen von Werten und Zielen ist aber auch zutiefst motivierend und menschlich. Wir behandeln die Mitarbeiter damit weder als Befehlsempfänger noch als Maschinen, sondern als Menschen, die mit ihrer eigenen Urteilsfähigkeit und Kreativität im konkreten Augenblick selbstverantwortlich zum Gelingen des Ganzen beitragen können. Verantwortlichkeit ist deshalb ein hoher Wert für die Organisation, aber auch für ein zufriedenes Arbeiten des Einzelnen, da sie der Arbeit des Einzelnen mehr Unverwechselbarkeit und Sinn gibt.

Ich möchte hierzu noch ergänzen, dass Gremienverantwortung ein heikles Thema ist. Primär ist sie immer die Verantwortung jedes Einzelnen als Mitglied eines entscheidungsberechtigten Gremiums und es ist durchaus legitim und richtig, seinen Dissens in der Entscheidungsfindung kenntlich zu machen, solange man die Exekution einer regelgerecht getroffenen Gremienentscheidung, die man für falsch hält, nicht behindert. Ist der Dissens aber zu groß, muss man gegebenenfalls aus dem Gremium ausscheiden. Man darf die eigene Verantwortung nicht total hinter der Gremienverantwortung verstecken, sonst gibt es letztlich keine Verantwortung.

Wenn wir jetzt zu den Maßstäben oder Werten außerhalb der Glaubwürdigkeit oder der Glaubwürdigkeit ähnlicher Werte kommen, die bei internen und externen Entscheidungen beachtet werden sollen, kommt man schnell zum Begriff der Nachhaltigkeit.

Nachhaltigkeit ist für alle Firmen, die länger im Geschäft bleiben wollen, insbesondere für Familienfirmen, ein hoher Wert. Wir wirtschaften nicht nur heute, das Unternehmen soll auch morgen Geschäftspartner und Erfolg haben. Es sind nicht nur die heutigen Eigentümer und Mitarbeiter zufriedenzustellen, sondern neben ihnen sollen auch die nachfolgenden Eigentümer und Mitarbeiter zufriedengestellt werden.

Im Hinblick darauf, dass in Familienfirmen unter anderem auch in Generationen gedacht wird, ist sicherlich Nachhaltigkeit in diesen Firmen ein besonderer Wert, aber ich sehe ihn in ähnlicher Form in gut geführten, nicht familiär dominierten Unternehmen genauso. Nachhaltigkeit – auch im Hinblick auf Umweltschutz, der bei uns großgeschrieben wird und auf die Einbettung des Unternehmens in die Gesellschaft – ist zudem ein gesellschaftlicher Wert, dessen Beachtung die Firmen sich kaum entziehen können. Das neue Schlagwort von der Corporate Social Responsibility hängt ganz stark damit zusammen, dass die Unternehmensleitungen zunehmend sehen, dass sie Teil der Gesellschaft sind, eine Mitverantwortung für die Umwelt und eine gewisse, wenn auch begrenzte, gesellschaftliche Verantwortung haben und Nachhaltigkeit ein Wert ist, den nicht nur Grüne, sondern fast alle als eine Form gesellschaftlich angemessenen Wirtschaftens einfordern. Wir fördern, wenn auch zaghaft, gesellschaftliches Engagement unserer Mitarbeiter, solange es die Firma nicht über Gebühr belastet. Ich selbst habe auch 10 Jahre dem Finanzausschuss im Stadtrat angehört.

Weitere Werte liegen im Bereich der Mitarbeiterführung. Das Unternehmen hat ein Recht darauf, Leistung zu fordern, andererseits ist es menschlich, dass Fehler vorkommen. Ein Unternehmen braucht eine klar definierte Fehlertoleranz. „Zero-tolerance" ist unmenschlich, aber zu viel Fehlertoleranz gerät in Konflikt mit den Zielen und der Glaubwürdigkeit des Leistungsversprechens der Firma. Die Unternehmensleitung muss sich überlegen, in welchem Geist sie die Wiedergutmachung von Fehlern einfordert und nach außen für die Wiedergutmachung einsteht und wo die Grenzen des tolerierbaren Fehlverhaltens liegen. Dies hat auch etwas mit Gerechtigkeit, einem weiteren Wert, zu tun.

Mitarbeiter, insbesondere Jugendliche, die ja Ihre Schüler sind, haben meist ein feines Empfinden für Gerechtigkeit, und ein Vorgesetzter tut gut daran, in der Mitarbeiterführung eine Sorte wohlwollender Gerechtigkeit und Klarheit gelten zu lassen. Ungerechtigkeit, insbesondere die Ungleichbehandlung gleichartiger Leistungen oder Verfehlungen, führt nur zum Verlust der Berechenbarkeit und der Glaubwürdigkeit des Vorgesetzten und damit auch der Glaubwürdigkeit der Firma. Gerechtigkeit und Klarheit erfordern dann gelegentlich auch Mut. Aber diesen muss man von Führungskräften im Rahmen ihrer Verantwortlichkeit verlangen können.

Auch Toleranz gegenüber anders Denkenden ist ein wesentlicher Wert in einer immer globalisierteren Welt. Wir haben in unserer Firma ausländische Mitarbeiter, in Deutschland z. B. Einwanderer aus der Türkei, und wir haben ausländische Mitarbeiter im Ausland, z. B. in den arabischen Ländern, in China oder in Süd- oder Nordamerika oder in Russland. Nicht alle der genannten ausländischen Mitarbeiter sind in unserem Kulturkreis aufgewachsen. Solange sie im Betrieb glaubwürdig und zuverlässig mitarbeiten, besteht aller Anlass zur Toleranz unsererseits gegenüber anderen Gewohnheiten, die das Zusammenleben im Betrieb nicht stören. Diese Mitarbeiter sind allerdings auch ihrerseits zu Toleranz und Achtung vor unseren Werten aufgerufen. Je internationaler und kulturell diverser die Belegschaften sind, desto mehr muss man die Werte, die je nach Herkunftsstruktur unterschiedlich interpretiert werden, aber nach denen Entscheidungen getroffen werden sollen, kommunizieren und sie nicht nur empfehlen, sondern auf ihrer Umsetzung bestehen.

Bei der Durchsetzung von Werten kann man, muss man aber nicht, folgende Stufen unterscheiden:

1. Vorbild sein
2. Eine Richtlinie oder Unternehmensgrundsätze formulieren
3. Einen Compliance-Beauftragten ernennen
4. Gesetzliche Regelungen zitieren, einschließlich übertriebener

Zu 1.: Vorbild sein
Man kann davon ausgehen, dass im kleinen Kreis die Funktion eines Vorbilds, insbesondere bei Jugendlichen, nicht hoch genug einzuschätzen ist. Jede Führungskraft und jeder Lehrer ist für Jugendliche ein Vorbild, das prägt, und zwar nicht nur

6.

in der Geschicklichkeit oder Kompetenz bei der Verrichtung der Arbeit, sondern auch bei der Entscheidungsfindung in Situationen, die dem Jugendlichen unklar vorkommen.

Wenn der Vorgesetzte seine Entscheidung implizit an Zielen und Werten ausrichtet und diese gegebenenfalls knapp erläutert, hat ein Azubi mehr über Ziele und Werte gelernt, als in der Schulstunde, denn er hat gesehen, wie in einer unklaren Situation entschieden worden ist. Wenn er das Thema „Ziele und Werte" aber in der Schulstunde schon einmal durchgenommen hat, ist der notwendige Grund für sein Lernen im Betrieb gelegt. Es gehört nach meiner Meinung im Übrigen zur gesellschaftlichen Verantwortung von Unternehmen, auszubilden, sich um die Azubis zu kümmern, und insbesondere von den Ausbildern vorbildhaftes Verhalten zu erwarten.

Zu 2.: Eine Richtlinie oder Unternehmensgrundsätze formulieren

Wenn ein Unternehmen eine gewisse Größenklasse erreicht, ist es hochwahrscheinlich, dass Mitarbeiter mit unterschiedlichem kulturellem Hintergrund und damit mit unterschiedlichen Wertvorstellungen in das Unternehmen kommen. Hier kommt der Zeitpunkt, wo man sich der Mühe unterziehen muss, über Werte zu reden, während Werte vorher als selbstverständlich und gar nicht diskussionsbedürftig angesehen wurden.

Dieses Reden über Werte führt dann in der Regel dazu, dass die Firmen sich mehr oder weniger schöne Grundsätze oder Verhaltenskodizes geben. Die in diesen Kodizes festgelegten Werte sollen dann das Verhalten und die Entscheidungsfindung der Führungskräfte und Mitarbeiter steuern. Dass ein Vorstand hier mit gutem Beispiel vorangehen soll, versteht sich von selbst. Da aber auch dies nicht immer gegeben ist, sind schriftliche Formulierungen hilfreich, denn sie können dazu verwendet werden, hierarchieübergreifend bestimmte Verhaltensformen nicht nur nach unten sondern auch nach oben einzufordern oder abzulehnen. Unternehmensgrundsätze sind der Entwicklungsstand in unserem Unternehmen.

Zu 3.: Einen Compliance-Beauftragten ernennen

Die dritte Stufe der Durchsetzung von Werten ist, dass sie nicht einen schriftlichen Sollcharakter haben, sondern über einen Compliance-Beauftragten oder Vorstand für Compliance, wie jetzt bei Siemens, mit der Androhung unangenehmer Konsequenzen durchgesetzt werden. Eine solche Entwicklung ist offensichtlich notwendig, wenn der Verpflichtungscharakter bestimmter Werte in einem Kulturveränderungsprozess besonders hervorgehoben werden muss. Auch Kulturen ändern sich, wenn auch langsam.

Hier ist eine Entwicklung der Verbindlichkeit von Werten festzustellen – vor 25 Jahren galt aktive Bestechung im Ausland in manchen Branchen zwar als unanständig, wurde aber in manchen Firmen als notwendiges Übel, über das man nicht sprach, stillschweigend akzeptiert. Sie war ein ungeliebter Teil der Auftragsbeschaffung.

Das Voranschreiten der Durchsetzung westlicher Rechtsnormen auch in den früheren Entwicklungsländern und im ehemaligen Ostblock ist zwar noch nicht abgeschlossen, aber soweit vorangekommen, dass man funktional und moralisch die frühere Zweiklassen-Gesellschaft nicht mehr dulden kann: Die Manager im Ostblock oder in den Entwicklungsländern dürfen bestochen werden und die Manager westlicher Firmen nicht. Hier hat ein Wertewandel stattgefunden, und da er offensichtlich nicht in allen Köpfen stattgefunden hat, scheint in einigen Fällen eine solche Position wie ein Compliance-Vorstand unvermeidlich.

Zu 4.: Auf gesetzliche Regelungen hinweisen, einschließlich übertriebener

Diese vierte Stufe – gesetzliche Regelungen – sind ja letztlich auch wertebasiert. Es gibt allgemeine Vorschriften, wie die in den 10 Geboten:

> Nr. 5 „Du sollst nicht töten"
> Nr. 7 „Du sollst nicht stehlen"
> Nr. 8 (verkürzt:) „Du sollst nicht lügen"

Im Grundgesetz sind aus geschichtlichen Erfahrungen Werte formuliert:

> Art. 1: „Die Würde des Menschen ist unantastbar"
> Art. 3: Allgemeine Gleichberechtigung vor dem Gesetz
> Art. 4: Religionsfreiheit, also Toleranz

Im BGB stehen wertorientierte Texte, wie z. B.

> § 242 Grundsatz von Treu und Glauben

Alle diese Vorschriften postulieren Werte, Vorschriften im BGB und im HGB regeln die normalen zivil- und handelsrechtlichen Vorgänge mit dem Ziel der sachlichen Gerechtigkeit und Effizienz. Auf alle diese Quellen kann man gelegentlich hinweisen, auch in der Berufsschule. Das müsste an sich reichen.

Aber weit gefehlt. Seit neuestem gibt es das AGG, das den Art. 3 Grundgesetz – Gleichberechtigung oder Diskriminierungsfreiheit – auswalzt, ohne im Grundsätzlichen – mit Ausnahme des Verbots der Altersdiskriminierung – etwas zu bewegen. Diskriminierungsfreiheit ist sicher ein vernünftiger Wert. Hier scheint mir der Gesetzgeber aber etwas zu wenig Vertrauen in das Wertebewusstsein seiner Untertanen zu haben. Der Gesetzgeber soll Grundsätze aufstellen und die Einhaltung möglicherweise auch mit Strafe bewehren. Dass wir aber den Wert der Diskriminierungsfreiheit in dieser detaillierten, schulmeisterlichen, bevormundenden Form um die Ohren geschlagen bekommen, zeugt von wenig Achtung vor der Selbstverantwortlichkeit der Bürger und fördert meines Erachtens den eigentlichen Wert der Diskriminierungsfreiheit nicht. Ich habe deshalb meinen Mitarbeitern gesagt, sie sollten sich anständig und diskriminierungsfrei benehmen und das Lesen der AGG der Rechtsabteilung überlassen, auch wenn ich meiner Verpflichtung nachgekommen bin, das AGG schriftlich zu verteilen. Vielleicht bin ich für die jetzige Regierung zu altmodisch wertorientiert liberal.

Ich fasse den ersten Teil des Vortrags zusammen:

Wirtschaften erfordert Kontraktfähigkeit, Kontraktfähigkeit erfordert Glaubwürdigkeit, Glaubwürdigkeit erfordert Berechenbarkeit und Berechenbarkeit erfordert letztendlich Einsatz von Werten, mit denen Entscheidungen getroffen werden können. Auch Führung in mehrstufiger Organisation wird durch Werte und Ziele möglich, zumindest erleichtert.

Zu den Minimalia bei den Werten in der Führung gehören Verantwortlichkeit, Vorbild sein, eine angemessene, begrenzte Fehlertoleranz, Gerechtigkeit und Toleranz gegenüber Mitarbeitern und Geschäftspartnern mit anderen Kulturen.

Zu den Minimalia gehören ferner Werte wie Nachhaltigkeit und geschäftliche Fairness und zu den Werten gehört auch ihre Durchsetzung, insbesondere durch die Vorbildfunktion und sekundär, aber in großen Organisationen nötig, durch Regeln, seien es nun Empfehlungen oder verbindliche, vorgeschriebene Werte. Da Werte letztlich Entscheidungsregeln sind und sich in Verhaltensmustern niederschlagen, die für ein Unternehmen reputationsbildend sind, liegt es auf der Hand, dass sie eine hohe Langlebigkeit haben und auch haben sollten. Die Produkte und Strategien einer Firma müssen sich den Marktbedürfnissen folgend zügig wandeln können, die Werte können sich nur in ihren Ausprägungen und relativen Gewichtungen und langsam wandeln. Sie sollten im Grunde dauerhaft sein, aber ihre Gewichtung muss an die technische und gesellschaftliche Entwicklung angepasst werden.

Ich komme nun zum zweiten Teil:

Werte in der beruflichen Bildung

Im zweiten Teil möchte ich kurz auf die berufliche Bildung eingehen, eine Domäne also, in der Sie als Lehrerinnen und Lehrer oder als Verantwortliche für die Berufsbildung zuhause sind und in der Sie Partner der Unternehmen sind.

Wenn ein Unternehmen von bestimmten Wertvorstellungen geprägt ist, dann muss es natürlich Interesse daran haben, Mitarbeiter zu gewinnen, die diese Wertvorstellungen akzeptieren. Und auch andersherum gilt:

Qualifizierte Mitarbeiter locken nicht nur das Gehalt, das in einem Unternehmen gezahlt wird, sondern auch das Image und die Reputation des Unternehmens, die auf der Gewichtung von Zielen und Werten sowie deren erfolgreicher Umsetzung beruhen. Bei der Auswahl und Einstellung von Führungskräften ist die Frage, ob die beiderseitigen Ziel- und Wertvorstellungen zusammenpassen, mitentscheidend.

Nun kennen Sie als Bildungsprofis sicherlich die nicht enden wollenden Wunschlisten der Unternehmer, über welche Kompetenzen und Werte ihre Auszubildenden verfügen sollten, bevor sie sich in einem Unternehmen bewerben – oder wenigstens, wenn sie ihre Gesellenprüfung abschließen. Die Berufsschule soll alles leisten: sie soll teamfähige, empathische, kritikfähige, belastbare, mitdenkende Auszubildende hervorbringen, um nur einige wenige Wünsche zu formulieren. Und innerhalb der Berufsschule soll natürlich besonders der Religionslehrer dafür sorgen, dass Werte wie Verständnis, Gerechtigkeitssinn, soziale Kompetenz und vieles mehr entwickelt werden.

Das alles ist natürlich richtig und wünschenswert, aber sicherlich nicht alles, was in einer berufsbildenden Schule zu leisten ist - so wie auch nicht alles, was für ein Berufsleben wichtig ist, vom Betrieb erbracht werden kann.

Was aber ist das Wichtigste? Worauf sollten sich berufsbildende Schulen – aus der Sicht eines Unternehmers gesprochen – konzentrieren?

Lassen Sie mich dies anhand eines Bildes erläutern, das sich in unserer Broschüre zum Unternehmensleitbild befindet:

6.

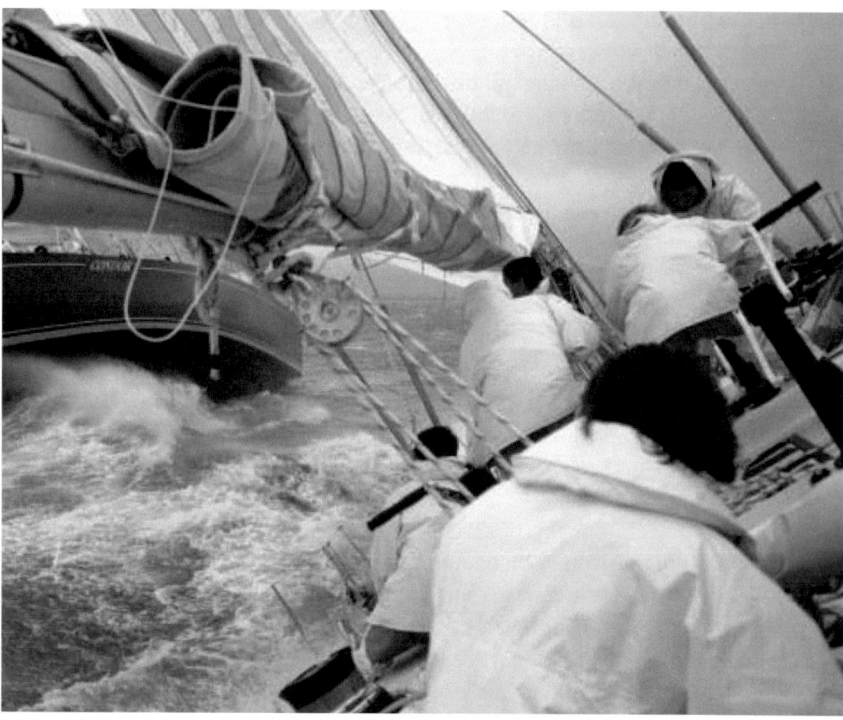

Nicht ohne Grund haben wir hier das Bild einer Schiffscrew gewählt, die in rauer See das Boot auf Kurs hält. Wer Teil einer solchen Crew ist, muss verschiedene Eigenschaften und Kenntnisse mitbringen, die die Grundlage dafür bilden, nicht „unterzugehen".

- Was wir suchen sind zunächst Menschen, die ein bestimmtes **Wissen** mitbringen oder schnell erwerben können. Bei aller Bedeutung sozialer Kompetenzen braucht es auf einem Boot zunächst auch Crewmitglieder, die das Segelsetzen beherrschen, die navigieren können und die über dieses Wissen auch in stürmischen Zeiten verfügen können. Ein solides Wissensfundament ist in keinem Unternehmen der Welt ersetzbar. Vieles aus der Welt, die uns umgibt, entdecken wir erst durch Vor-Wissen. Auch im Beruf ist das so: Nur dort, wo wir Kenntnisse haben, können sich neue Kenntnisse anlagern. Darum dürfen wir, bei allem Respekt vor den so genannten „soft skills", nicht vernachlässigen, dass Schülerinnen und Schüler nach der Berufsschule etwas wissen müssen. Und dieses Wissen siedelt sich auch in dem Bereich an, den Sie als Religionslehrer vertreten:

Auch Sie vertreten ja ein Wissen, das nicht nur im Kopf angesiedelt ist, sondern auch ein Orientierungs-Wissen bietet, ein Entscheidungs- und Handlungs-Wissen für die Praxis eines gut gelebten Lebens. Man kann auch etwas über Werte wissen. Man darf als Schüler auch wissen, dass Werte nicht nur moralisch edel, sondern auch praktisch nützlich sind, weil sie das Zusammenleben und Zusammenarbeiten erleichtern.

- Gleichzeitig aber ist mir bewusst, dass Wissen – auch über Werte – allein niemals ausreicht. Auch Werte selbst und nicht nur das Wissen über sie sind, wie eben gezeigt, notwendig. Aber an unserem Boots-Bild sehen wir auch, dass wir Menschen brauchen, die wissen, was ein **Ziel** ist, die den Zusammenhang von Zielen und Werten verstehen, und die Ziele haben: im Beruf, aber auch in ihrer ganz persönlichen Lebensgestaltung. Menschen, die mit ihrem Leben keine Ziele oder Werte verbinden, werden auch beruflich kurzsichtig. Wer privat keine Ziele und Werte hat, wird auch mit seinem Unternehmen keine langfristigen Ziele entwickeln und verfolgen können.

Sie als Religionslehrer haben hier sicherlich eine bedeutsame Aufgabe: Das Wesen und die Bedeutung und das Verhältnis von Zielen und Werten klar zu machen und den Schülern zu raten, was Ziel und Wert in ihrem Leben sein kann. Diese Aufgabe kann man aus meiner Sicht kaum hoch genug bewerten, gerade in einer Zeit, in der Jugendliche im reichlichen Angebot an Lebensstilen nach Orientierungspunkten suchen, an denen sie sich reiben und so ihren eigenen Standpunkt finden können.

- Ein drittes: Unsere Bootscrew braucht Leute, die zupacken können und die selbst sehen, wo sie mit anpacken müssen. **Selbständige Übernahme von Verantwortung** im Rahmen von Zielen und Werten zu entwickeln, das ist für unser Unternehmen eine zentrale Führungsaufgabe. Und diese Aufgabe beginnt bei den einfachsten Tätigkeiten: Jeder unserer Mitarbeiter kann und soll Mitverantwortung entwickeln und leben. Unsere Arbeitswelt stellt kaum mehr die einfachen Tätigkeiten bereit, in denen Auszubildende und Arbeitende sich auf die Durchführung von Anweisungen ihres Meisters beschränken können. Fast jede Aufgabe umfasst komplexe Tätigkeiten des Vorbereitens, Planens, Realisierens sowie der Evaluation und Qualitätskontrolle. Fast alle Branchen stellen heute hohe Ansprüche an Verarbeitung und Qualität. An keiner Stelle im Produktionsprozess darf eine Qualitätslücke entstehen. Ohne verantwortlich arbeitende und mitdenkende Mitarbeiter ist eine solche Arbeit nicht zu leisten.

Verantwortung im Betrieb fängt mit der Arbeitsqualität an, und Verantwortung im Betrieb übernehmen kann derjenige, der gelernt hat, auch die Verantwortung für sein Leben zu übernehmen. Hier scheint mir das christliche Menschenbild ein überzeugender Maßstab zu sein, den Berufsschüler kennen lernen und an dem sie sich orientieren lernen sollten. Das Christentum als Religion ist besonders der persönlichen Freiheit und Verantwortung verpflichtet. Jeder – auch die Berufsschüler – müssen lernen, die Verantwortung für das eigene Leben zu tragen.

Wissen – Ziele und Werte – Verantwortungsfähigkeit: diese drei grundlegenden Qualitäten lassen sich nicht zufällig den drei großen Kompetenzbereichen – der Fach-, Methoden- und Persönlichkeitskompetenz – zuordnen. Die genannten Qualitäten unserer Bootsleute sind für mich sinnvolle Felder, auf denen sich alles berufliche Lernen abspielen kann. Der Religionsunterricht kann dazu seinen spezifischen Beitrag leisten, damit Auszubildende ihr Leben – auch, aber nicht nur, ihr berufliches Leben – sinnvoll für sich und andere gestalten lernen.

Bei jungen Menschen das Verständnis für Ziele, Werte und Verantwortung zu wecken und zu vertiefen, sehe ich als eine gemeinsame Aufgabe von berufsbildenden Schulen und Unternehmen an. Weder kann für die Entwicklung lebens- und berufsrelevanter Orientierungen allein die Schule in die Pflicht genommen werden, noch kann dies die alleinige Aufgabe der Ausbildungsverantwortlichen in den Betrieben sein.

Wenn Unternehmen wertebewusste junge Menschen in ihren Reihen haben wollen, dann müssen sie selbst in den Unternehmen etwas dafür tun. Wir sind uns dieser Aufgabe bewusst und stellen uns ihr. Wir brauchen dazu auch unsere Partner in den Berufskollegs, vor allem, aber nicht nur, im Religions- oder Ethikunterricht.

Und jetzt komme ich endlich mit der Religion, auch wenn ich als Nicht-Theologe mich hiermit auf für mich glattes Eis begebe. Aber dieses ist ja eine katholische Veranstaltung. Die meisten genannten Werte finden Sie auch in nicht-christlichen Kulturen, und so gibt es auch gute nicht-christliche Firmen, z. B. – aber nicht nur – in Japan, in Indien oder China. Alle genannten Werte, vor allem aber der der Verantwortlichkeit, die dem Rahmen der jeweiligen Entscheidungsfreiheit entspricht, lassen sich auch aus dem Christentum ableiten. Und eine christliche Erziehung, die einem abverlangt, dass man den Nächsten lieben soll wie sich selbst, was ein ziemlich schwieriges Unterfangen ist – und die einem klar macht, dass man einem doch ziemlich fehlertoleranten, weil gnädigen Gott gegenüber, sein Leben und seine frei getroffenen Entscheidungen verantworten muss, führt einen schon ziemlich zügig zu den o. g. Werten. Man braucht auch nur die zehn Gebote lesen. Auch daraus lässt sich schon ein Großteil ableiten.

Wir brauchen Sie deshalb als Religionslehrerinnen und -lehrer: als Partner, aber auch als „Sparringspartner", die die Schüler und uns daran erinnern, wie sich der Zusammenhang von christlicher Orientierung und gesellschaftlicher Verantwortung ausgestaltet.

J. Figel, der leider zu diesem Kongress verhinderte EU-Bildungskommissar, für dessen vorgesehene Redezeit ich hier einspringen soll, bezeichnete einmal die „enge Verbindung zwischen Erziehung und religiösen wie ethischen Werten" als „entscheidend für die Zukunft Europas". Er führte weiter aus: „Die Europäische Union gründet sich als Gemeinschaft auf den gemeinsamen Werten der Toleranz und der gegenseitigen Achtung. (...) Die geteilten Werte der unterschiedlichen religiösen Traditionen können eine gemeinsame Wahrnehmung für Wohlverhalten im privaten und öffentlichen Leben schärfen."[1]

In einem überregional operierenden Unternehmen schärft sich der Blick auf diese Werte, die uns in Europa verbinden, Werte, die sich in einem langen Zeitraum, in dem sie immer wieder mit Füßen getreten worden sind, herausgebildet haben. Werte wie die Unverletzlichkeit der Menschenwürde, Solidarität oder gelebte Toleranz. Der Blick schärft sich auch für die Werte anderer außereuropäischer Kulturen, die uns befruchten, aber nicht dominieren sollten.

In diesen europäischen Wertehorizont reihen sich auch unsere Unternehmenswerte ein. Als Vertreter unseres Unternehmens danke ich Ihnen für Ihre Bemühungen, jugendlichen Auszubildenden die Chance zu geben, sich diese Werte anzueignen und sie in ihrem Lebenskontext zu entwickeln. Wir bemühen uns unsererseits diese Werte aufzugreifen und sie von der Unternehmensseite zu fordern und zu fördern.

Dazu brauchen wir in Abständen eine Selbstvergewisserung. Es war für mich hilfreich, dass ich bei der Vorbereitung gezwungen war, manches klarer zu formulieren als ich es vorher bedacht hatte, und ich danke Ihnen, dass Sie mir heute die Gelegenheit gegeben haben, aus der Praxis zu berichten. Ich höre aber auch gerne zu und danke Ihnen für Ihre Aufmerksamkeit!

[1] Presseerklärung der Koordinationsgruppe für religiöse Bildung in Europa: http://www.mmiweb.org.uk/cogree/conferences/berlin/press_deustch.doc (10.04.2007).

Prof. Dr. em. Reinhard Bader Universität Magdeburg
Entwicklung beruflicher Kompetenz im RU – Perspektiven eines Berufspädagogen

1. Vorbemerkungen

An dem Workshop nahmen ca. 20 Personen teil. Im Sinne eines Impulsreferates wurden einleitend die für das Thema zentralen Begriffe Beruf und Kompetenz erläutert und differenzierend reflektiert. Hieran anschließend wurden Thesen zur Entwicklung beruflicher Kompetenz im Religionsunterricht vorgetragen und diskutiert.

2. Zentrale Begriffe

Beruf bezeichnet die strukturierte Gesamtheit von Kenntnissen, Fertigkeiten und Fähigkeiten zur Erfüllung von Aufgaben sowie zur Lösung von Problemen, die einander ähnlich sind. Vor dem Hintergrund historischen Gewachsenseins werden mit dem Begriff Beruf – in unterschiedlicher Ausprägung – Merkmale verbunden wie: Erwerb, Sozialisierung, Identifizierung, Ganzheitlichkeit, Kontinuität, Selektion, Allokation.

Berufliche Handlungskompetenz ist bezogen auf den Beruf, in der Ausbildung auf den Ausbildungsberuf. Dementsprechend meint berufliche Handlungskompetenz die Fähigkeit und Bereitschaft des Menschen, in beruflichen Situationen sach- und fachgerecht, persönlich durchdacht und in gesellschaftlicher Verantwortung zu handeln sowie seine Handlungsmöglichkeiten ständig weiterzuentwickeln. Konstituierende Dimensionen beruflicher Handlungskompetenz sind Fachkompetenz, Humankompetenz und Sozialkompetenz, jeweils mit den Akzentuierungen Methodenkompetenz, Lernkompetenz und Kommunikationskompetenz.

3. Thesen

- Die Entwicklung beruflicher Handlungskompetenz ist auf den Bildungsauftrag der berufsbildenden Schulen bezogen – und somit auf Bildung[1].
- RU an berufsbildenden Schulen steht unter deren Bildungsauftrag und ist

[1] Vgl. auch Grundlagenplan, S. 18.

somit gefordert, an der Entwicklung beruflicher Handlungskompetenz mitzu-
wirken.
- Die Entwicklung beruflicher Handlungskompetenz wird durch handlungsorientierten Unterricht gefördert, der in sehr unterschiedlichen Ausprägungen
gestaltet werden kann. Für den RU haben folgende Ausprägungen besondere
Relevanz:
  - Handlungsorientierung als Lernen an konkreten Handlungen, deren Ergebnis nicht aufgrund gesicherter Erkenntnisse (zum Beispiel der Naturwissen-
  schaften) feststeht, sondern offen ist.
  - Handlungsorientierung als Planung und Gestaltung von Lernprozessen mit
  dem Ziel der Fähigkeit, aus gewonnenen Erkenntnissen (im weitesten Sinne)
  gesellschaftliche Konsequenzen zu ziehen, d. h. der Einsicht die Tat folgen
  zu lassen, um vorgefundene Situationen in Richtung auf Ziele, die als erstre-
  benswert erkannt wurden, mit den geplanten Methoden zu verändern.
  - Handlungsorientierung als Merkmal unternehmerischer Selbstständigkeit.
- Die Fächer des allgemein bildenden Lernbereichs haben einen eigenständi-
gen Bildungsauftrag. Durch eine Verknüpfung der Lernbereiche wird der Bildungsauftrag der allgemein bildenden Fächer unterstützt.

4. Konkretisierung: eine Anregung für den RU am Beispiel der Berufsschule

Themenbereiche des Grundlagenplans (Lebenssituationen)	Beschreibung der Stufe
Jesus Christus: Zwischen Begeisterung und Ablehnung - Engagement für Gerechtigkeit im Betrieb - Der Mensch als Produktionsfaktor	Rechte u. Pflichten als Auszubildende (Lf. 1) Personalrechtliche Regelungen für Umsetzungen und Entlassungen (Lf. 7) Leistungsschwerpunkte und Arbeitsgebiete von Industrieunternehmen (Lf. 1) Arbeitsbewertung und Entgeltsysteme (Lf. 7)
Leid, Tod und Auferstehung: Zwischen Verzweiflung und christlicher Hoffnung - Ärger am Arbeitsplatz - Drogenabhängigkeit z. B. Nikotin, Alkohol - Erfahrungen von gelebter Solidarität z. B. Betriebsrat	Mitbestimmungsrechte am betrieblichen Geschehen (Lf. 1) Einbeziehung von Mitbestimmungsorganen bei der Einstellung von Personal (Lf. 7)

7.

Schuld und Versöhnung: Zwischen Scheitern/Versagen und Neubeginn – Schädigung anderer ... – Egoistisches Verhalten – Mein Arbeitskollege macht einen Fehler: Helfen oder ... – Strukturelle Schuld: Mein Arbeitsplatz trägt zur Zerstörung der Umwelt bei	
Mensch und Welt als Gottes Schöpfung: Zwischen geschenkter und gemachter Welt – Erlebnisse, Erfahrungen von Begrenzungen ... z. B. Rationalisierungsprozesse – Umgang mit Materialien, Gesundheitsschutz, Produktionsweisen, Verschwendung, Nachhaltigkeit – Im Betriebsleben: ... Erfahrung von Betriebshierarchien – Einsatz für das Gleichgewicht von „bebauen" und „bewahren" in der Region, z. B. Industriegebiete, Naturparks	Betriebliche Ziele und Personalbedarf (Lf. 7) Personalentwicklung im Unternehmen (Lf. 7) Arbeitsschutz (Lf. 7) Unternehmenskultur, Führungsstile und -methoden (Lf. 7)
Religion und Kirche: Zwischen persönlicher Religiosität und kirchlichem Glauben – Feste ... – Zeichen der Zugehörigkeit ... (Betriebsfest)	
Gottes- und Nächstenliebe: Zwischen individuellem Freiheitsstreben und solidarischer Verantwortung – Solidarität am Arbeitsplatz – Verhalten gegenüber Vorgesetzten, Kunden, Mitarbeitern	Ausbildung im Spannungsfeld unterschiedlicher Rollenerwartungen (Lf. 1) Auftretende Konflikte (Lf. 1) Schutz personenbezogener Daten (Lf. 7)

5. Zusammenfassende Einschätzung

In der Diskussion verbanden die Teilnehmenden theoretische Kenntnisstände und didaktische Konzepte mit eigenen Erfahrungen und Wertungen. Kontroversen zu den Thesen ergaben sich nicht, wohl aber Konkretisierungen und Anreicherungen bei weitgehendem Konsens.

Prof. Petra Maas Staatl. Seminar für Didaktik und Lehrerbildung, Freiburg

Ralph Rebholz Studienleiter, Institut für Pastorale Bildung, Freiburg

Leben mit Brüchen – neue inhaltliche und organisatorische Praxisbeispiele im BVJ

In der Beschreibung des BVJ macht das Kultusministerium des Landes Baden-Württemberg folgende Aussagen: Jugendliche, die nach Erfüllung der allgemeinen Schulpflicht keine weiterführende Schule besuchen und keine Ausbildung beginnen, werden im Berufsvorbereitungsjahr (BVJ) gezielt auf den Einstieg in die Berufs- und Arbeitswelt vorbereitet.

Praxisluft schnuppern und den Alltag proben

Das BVJ hat vor allem die Aufgabe, den Jugendlichen eine berufliche Orientierung und berufsbezogene Fähigkeiten und Fertigkeiten zu vermitteln. Außerdem hilft es den jungen Leuten, konkrete berufliche Anforderungen kennen zu lernen, ihre persönlichen Vorlieben herauszufinden und ihre persönlichen Lern- und Leistungsfähigkeiten einzuschätzen und zu verbessern.[1]

In dieser Beschreibung wird schon deutlich, dass es sich im BVJ um eine Schülerklientel handelt, die nicht nur die glatten Wege beschritten hat. Viele Schülerinnen und Schüler haben Schleifen und Umwege hinter sich und vor sich. Und jetzt haben sie eine Möglichkeit, ihre berufliche Zukunft zu eröffnen. In diesem Rahmen gibt es Religionsunterricht, der mit an diesem Ziel arbeitet.

[1] http://www.schule-bw.de/ schularten/berufliche_ schulen/vollzeitschulen/bvj

1. Neue inhaltliche Zugänge: Der kompetenzorientierte Religionsunterricht im BVJ

Der Bildungsplan für die beruflichen Schulen beschreibt Kompetenzen, die in der schulischen Ausbildung erworben werden sollten. Auch der Bildungsplan für das Fach katholische Religion hat einen kompetenzorientierten Ansatz. Doch wie lässt sich der Begriff „Kompetenz" definieren? Der Grundlagenplan für den katholischen Religionsunterricht an Berufsschulen legt den Begriff als Fähigkeit und Bereitschaft bezüglich fachlicher Kompetenz, Personalkompetenz, Sozialkompetenz und der sich daraus ergebenden Handlungskompetenz aus. Bezüglich der Handlungskompetenz wird ausgesagt: Der Begriff der Handlungskompetenz wird von der Berufspädagogik und der KMK nicht auf fachliche Ausbildungsinhalte kognitiv eng geführt. Er ist bezogen auf Fähigkeiten und die Bereitschaft, sie im Handeln methodisch einzusetzen.

Handlungskompetenz bezeichnet eine Fähigkeit, die man nicht ein für allemal lernen kann. Sie soll sich in je konkreten Situationen bewähren.[2]

[2] DBK 2002, S. 18.

In der Berufspädagogik wird der Kompetenzbegriff breit definiert. Erpenbeck und von Rosenstiel legen in ihrem Werk „Handbuch Kompetenzmessung"[3] Kompetenzen als Dispositionen selbstorganisierten Handelns aus, die die eigene kreative Bewältigung verschiedener (Lebens-)Aufgaben zum Ziel haben. Dabei sind sie als Dispositionsbestimmung subjektzentriert, nicht direkt prüfbar und nur aus der Realisierung der Dispositionen heraus erschließbar und evaluierbar. Wissensentwicklung wird dabei immer als ein Teil der Kompetenzentwicklung verstanden. Kompetenzentwicklung und Wissensentwicklung sind zukunftsoffene und selbstorganisierte Prozesse, die wertgesteuert und wertgenerierend stattfinden. Als subjektbezogene Auseinandersetzung mit Aufgabenstellungen enthalten sie nichtexplizites Wissen als mitgebrachte Emotionen, Einstellungen, Haltungen usw. sowie die daraus resultierenden Werte und Normen.

[3] ERPENBECK 2007.

Auch Erpenbeck und von Rosenstiel differenzieren die Kompetenz als Fähigkeit, selbstorganisiert zu denken und zu handeln, in verschiedene Kompetenzklassen: die personalen Kompetenzen (in Bezug auf sich selbst), die aktivitäts- und umsetzungsorientierten Kompetenzen (in Bezug darauf, Gewolltes in Handlung umzusetzen), die fachlich-methodischen Kompetenzen (mit Fachwissen, Methodenwissen und Erfahrung) und die sozial-kommunikativen Kompetenzen (mit dem Einsatz der eigenen kommunikativen und kooperativen Möglichkeiten).[4] Auch sie gehen davon aus, dass Kompetenzen nur aus der Realisierung heraus erschließbar und bewertbar werden und dabei Wissen umfassen, das in der Selbstorganisationsfähigkeit der konkreten Situation aktiviert wird. Damit wird schon deutlich, dass Kompetenzen Qualifikationen brauchen, die als mechanisch abgefordertes Prüfungshandeln zur Verfügung stehen und objektbezogen sind. Auf diese Qualifikationen muss zurückgegriffen werden, wenn Problemstellungen und -situationen subjektbezogen und selbstorganisiert bewältigt werden sollen. Kompetenzen ohne Qualifikationen gibt es nicht.

[4] Vgl. ERPENBECK 2007, Vorwort S. XVI.

Für den Religionsunterricht an beruflichen Schulen stellt sich jetzt die Frage, was braucht der RU zum Kompetenzerwerb? Wie ist das Verhältnis zwischen Qualifikations- und Kompetenzerwerb im RU? Und auch die Frage, ob Qualifikationsentwicklung gleichzeitig mit Kompetenzentwicklung stattfinden kann, braucht eine Klärung.

Der Bildungsplan für das Fach katholische Religion an beruflichen Schulen in Baden-Württemberg z. B. ist ein kompetenzorientierter Bildungsplan. Die einzelnen Themen, die in 8 Themenfeldern ausgewiesen werden, sind durchaus als rein inhaltliche Themen zu unterrichten, indem die Wissensvermittlung in den Vordergrund gestellt wird. Doch das Mehr dieses Planes verlangt eine ganzheitliche Zugehensweise zu den Themen, was eine Auseinandersetzung fordert, die Konse-

8.

quenzen ermöglicht im Hinblick auf die Bewältigung eigener Lebenspraxis und eigener Problemstellungen. Dabei steht das christliche Wertesystem im Vordergrund, das dem Kompetenzerwerb im RU zugrunde liegt. Damit ergibt sich eine Möglichkeit, mit Hilfe der Kompetenzen, die geübt und geschult werden, offene Problemsituationen kreativ zu bewältigen, indem ein Wertesystem angeboten wird, was dazu einen wichtigen Beitrag liefern kann und konstitutiv für den Kompetenzerwerb im RU ist. Kompetenzerwerb fordert und fördert Wertelernen z. B. im Erfahrungslernen, im Erlebnislernen, im ganzheitlichen, handlungsorientierten Lernen.

Im Bildungsplan für den Katholischen Religionsunterricht an beruflichen Schulen wird über das BVJ ausgesagt:

Die Schülerinnen und Schüler des Berufsvorbereitungsjahres sind innerhalb der Berufsschule in einer besonderen Situation. Sie stehen noch nicht im Ausbildungsverhältnis, wollen durch den Besuch dieser Schulart ins Berufsleben einsteigen und teilweise auch den Hauptschulabschluss erwerben oder verbessern. Andere sind allein aufgrund der Berufsschulpflicht in dieser Schulart. Dem RU kommt hier besonders eine persönlichkeitsstärkende Aufgabe zu. Die Erfahrungen der Schülerinnen und Schüler sind oft von Versagen und Mangel bestimmt. Im RU sollen sich die Schülerinnen und Schüler als Person wahrgenommen und angenommen erleben. Die methodisch-didaktische Umsetzung berücksichtigt vor allem die Ganzheitlichkeit, den Erfahrungsbezug und das soziale Lernen. Die Kraft des Glaubens kann Mut machen und Hilfestellung geben angesichts einer teilweise unsicheren Zukunft der Schülerinnen und Schüler.[5]

Berücksichtigt man diese Aussagen über das BVJ im Religionsunterricht, dann muss dieser Unterricht notwendig prozessorientiert, situationsbezogen, handlungsorientiert sein. Wenn dann noch eine fächerverbindende und fächerübergreifende Perspektive eingenommen werden kann, in der Kompetenzen in einem größeren Sinnzusammenhang vermittelt und erworben werden können, dann fördert das Schülerinnen und Schüler des BVJ in ihrem Lern- und Ausbildungsweg. Damit will der RU im BVJ den Schülerinnen und Schülern ermöglichen, in der Unübersichtlichkeit der Welt ihr Leben zu bewältigen, indem Kompetenzen erworben werden, die eigene kreative Wege aufzeigen die persönliche Situation sinnstiftend zu gestalten.

[5] Kultus und Unterricht 2003, S. 92.

2. Neue organisatorische Praxisbeispiele im BVJ – 3 Beispiele

Das BVJ im Berufsschulzentrum Waldkirch

Am Anfang stand die Entdeckung gemeinsamer Anliegen des RU (v. a. nach dem neuen Bildungsplan) und der Jugendberufshilfe in der Arbeit mit Schüler/innen im BVJ: Die Förderung der einzelnen Persönlichkeit, ihrer personalen und sozialen

sowie und ihrer Handlungskompetenz sind Beiträge des RU zu einem freien, erwachsenen Glauben und Grundlagen für eine günstige Perspektive bei der Berufsfindung. Genau diese Kompetenzen werden nachweislich durch ein erlebnispädagogisches Projekt auf der Grundlage des Curriculums von Project Adventure gefördert, das seit dem Schuljahr 2003/2004 im BVJ als Kooperationsprojekt RU-Jugendberufshilfe durchgeführt wird. Organisatorisch werden die RU-Stunden an Mittwoch-Nachmittagen zu Blöcken zusammengefasst, an denen bevorzugt an geeigneten Orten außerhalb des Schulgeländes oder in der Sporthalle teilweise geschlechtsgetrennt, teilweise im Klassenverband die aufeinander aufbauenden erlebnispädagogischen Übungen durchgeführt und reflektiert werden. In einzelnen dazwischen angesiedelten Stunden im Klassenzimmer wird versucht, die Erfahrungen des (Selbst-)Vertrauens aus der Sicht der christlichen Tradition zu deuten. Außerschulische Mitarbeiter/innen (i. d. R. Praktikant/innen) ergänzen das Leitungsteam, Klassen- und Fachlehrer/innen begleiten nach Möglichkeit einzelne Aktionen und informieren sich über beobachtete persönliche Entwicklungen.
Die positive Resonanz aller Beteiligten lohnen den organisatorischen und materiellen Aufwand und spornen zur kontinuierlichen Weiterentwicklung an.

Das BVJ an der Gewerblichen Schule in Tuttlingen
Seit dem Schuljahr 2002/2003 ist der RU an der Ferdinand-von-Steinbeis-Schule in Tuttlingen (Gewerbliche Schule) in ein handlungsorientiertes Trainingsprogramm zur Schulung sozialer Kompetenzen integriert. Anlass war ein eskalierender Bagatellstreit unter BVJ-Schülern im vorausgegangenen Schuljahr, der in ein Tötungsdelikt mündete. Um die Ursachen für die nicht nur an diesem tragischen Vorfall zu beobachtende Unfähigkeit zu gewaltfreien Konfliktlösungen zu bekämpfen, wurde das Projekt „Anti-Gewalt und soziales Lernen – ein sozialintegratives Unterrichtskonzept im BVJ" ins Leben gerufen. Dessen Herzstück bildet ein wöchentlicher 4-Stunden-Block, der im Team-Teaching vom Klassenlehrer und jeweils einem Fachkollegen geleitet wird und zu dem der RU eine Stunde beisteuert. Dieser zeitliche Rahmen ermöglicht den Einsatz zeit- und materialaufwändiger gruppendynamischer Methoden, mit denen ein handlungsorientiertes Lernen angeregt werden kann. Die wöchentlichen Blöcke werden durch Exkursionen (z. B. Drogenberatungsstelle) und weitere Aktionen (z. B. erlebnispädagogisches Hüttenwochenende) ergänzt, bei denen bewusst die Kooperation mit außerschulischen Partnern gesucht wird.
Die positive Resonanz und des feststellbare Erfolg des Projektes gaben den Impuls für seine Weiterführung und Weiterentwicklung bis ins laufende Schuljahr, zu der sich die Schulleitung mit den beteiligten Lehrkräften zu einer Reflexions- und Planungsklausur am Ende jedes Schuljahres trifft. Grundlage des Erfolges ist außer dem Engagement der beteiligten Lehrkräfte sicherlich die klare Aussage der Schul-

8.

leitung, diesem Projekt schulorganisatorisch Priorität einzuräumen (Deputatszu-weisung, Stundenplangestaltung).

Das BVJ in Hauswirtschaftlichen Schule Hechingen

Die Hauswirtschaftliche Schule in Hechingen hat sich im Schuljahr 2006/2007 für ein Blockmodell entschieden, in dem der RU nicht wöchentlich stattfand, sondern alle 6 Wochen 6-stündig durchgeführt wurde. Anlass für diese Umorganisation von Unterricht war die Überlegung, auch schwächeren Schülerinnen und Schülern eine bestmögliche Vorbereitung auf die Lebenspraxis zu ermöglichen. Dabei stand der Gedanke im Vordergrund, in den einzelnen Unterrichtsfächern Praxisfelder abzu-stecken, die für die Lebensbewältigung unabdingbar sind. Um diesen Praxisfeldern den notwendigen Übungs- und Vertiefungsrahmen zu bieten, wurden größere Zeit-einheiten geschaffen, indem fachliche Blöcke gebildet wurden. Der Vorteil dieses Blockmodells liegt in der Möglichkeit, Exkursionen durchführen und andere Lern-orte aufsuchen zu können, eine breitere methodische Vielfalt zu bieten, hohe Flexi-bilität im Unterrichtsprozess zu fördern, ganzheitliches subjektorientiertes Arbei-ten in den Mittelpunkt zu stellen und damit auch gruppendynamische Prozesse zu initiieren, die über das normale Maß hinausgehen können.

Das Unterrichtsmodell wurde an der Hauswirtschaftlichen Schule Hechingen von allen Beteiligten positiv bewertet.

3. Neue inhaltliche und organisatorische Formen im BVJ – Religionsunterricht konkret

Projektunterricht – eine Einführung

Hans-Georg Ziebertz stellt seinem Artikel Projektorientiertes Lernen, den er in dem Werk Religionsdidaktik[6] veröffentlicht, eine Kurzbeschreibung des projekt-orientierten Lernens voran: Projektorientiertes Lernen ist eine Alternative zum herkömmlichen Unterricht. Es eröffnet besondere Lernchancen, ohne den tradi-tionellen Unterricht ersetzen zu wollen. Schülerinnen und Schüler lernen, sich ge-meinsam für die Bewältigung einer Aufgabe zu engagieren. Sie lernen, ein Ziel zu formulieren und den Weg zur Erreichung des Ziels zu planen. Sozial – kooperative Lerndimensionen werden ebenso angesprochen wie eine besondere stoffbezo-gene Vertiefung der gestellten Aufgabe. Inhalte des Lehrplans bzw. der Wissen-schaften kommen zur Sprache, jedoch nicht enzyklopädisch, sondern im Zusam-menhang mit der zu bewältigenden Aufgabe, zu deren Klärung sie einen Beitrag leisten sollen. Eigeninitiative und Selbststeuerung der Schülerinnen und Schüler werden herausgefordert. Projektorientiertes Lernen kennzeichnet den „etwas an-deren Unterricht", bei dem Kopf, Herz und Hand beteiligt sind.[7]

[6] HILGER 2001, S. 455-470.

[7] HILGER 2001, S. 455.

In dieser Beschreibung des projektorientierten Lernens werden für den RU im BVJ einige Kriterien besonders wichtig: Es geht um eine Erhöhung der Schülerselbsttätigkeit, die sich an den Interessen der Lerngruppe orientiert und die Fähigkeit zur selbständigen Bewältigung einer konkreten und wirklichkeitsnahen Aufgabenstellung übt. Damit ist eine unterrichtliche Form gemeint, die ein Vorgehen nach einem gemeinsam entworfenen Plan und seine selbständige Durchführung ermöglicht.

Diese unterrichtliche Form hat folgende Ziele: Sie will die Stärkung der Ich-Kompetenz, den Aufbau der Sozialkompetenz durch den Erwerb von Team- und Kommunikationsfähigkeit und die Erfahrung von Solidarität. Sie fördert Methodenkompetenz, indem verschiedene Arbeitsformen geübt werden. Sie ermöglicht den Aufbau von Sachkompetenz, indem Fachwissen erworben und erweitert wird.

Besondere Merkmale des Projektunterrichts liegen in der Orientierung an den Schülerinteressen, in der Selbstverantwortung und Selbstorganisation und in der zielgerichteten Planung. Dabei wird in der Teamarbeit das soziale Lernen in den Mittelpunkt gestellt. Eine Produktorientierung erleichtert häufig die Projektarbeit. Gearbeitet wird unter Einbeziehung aller Sinne. Die Interdisziplinarität und die gesellschaftliche Praxisrelevanz erhöhen die Bedeutung des konkreten Projektes. Dabei wird unter Einbeziehung aller Sinne gearbeitet.

Projektarbeit hat verschiedene Rahmenbedingungen. Sie kann als längerfristig angelegtes Arbeiten gedacht werden, so z. B. als Wochenprojekt, sie ist aber auch unter den Bedingungen der Regelschule denkbar, wenn sie so organisiert wird, dass sie an einem Tag oder halbtägig durchgeführt wird oder als wöchentliches Kontinuum mit 2-3 Unterrichtsstunden. Es geht aber immer um offene Arbeitsmethoden, die so schülerorientiert wie möglich arbeiten. Damit wird die Bewältigung einer Aufgabe durch Selbsttätigkeit und Eigeninitiative direkt erfahrbar, die inhaltlichen Dimensionen der Aufgabe werden nachhaltig durch diese Arbeitsform erschlossen.

Konkretionen: Erlebnispädagogik im BVJ

Die am BSZ Waldkirch als Kooperation zwischen Jugendberufshilfe und RU durchgeführten erlebnispädagogischen Projekte basieren auf dem Ansatz von Project Adventure (PA), einer NGO, die in den USA ein Curriculum für schulische Erlebnispädagogik entwickelt und an Schulen etabliert hat. PA ist Konzept für einen Klassenverband über einen längeren Zeitraum, in dem die thematischen Schwerpunkte **Vertrauensaufbau – Kooperation – Persönliche Herausforderung** als aufeinander aufbauender Lernzyklus arrangiert sind. Bei den einzelnen Treffen ermöglichen verschiedene aufeinander abgestimmte Problemlösungsaufgaben den Schüler/innen Erlebnisse, die durch die anschließende Reflexion zu Erfahrungen werden sollen.

Diese **Erfahrungen** führen nachweislich zu positiven Veränderungen im Selbstkonzept der Schüler/innen. Sie stärken das **Selbstwertgefühl** bei Mädchen (Kraft

8.

und Stärke entdecken, sich etwas zutrauen, neue Herausforderungen von sich aus wagen, aktives Einmischen in Entscheidungs- und Gruppenprozesse) und Jungen (positives Erleben der eigenen Stärke, Erkennen eigener Grenzen, Eingestehen von Schwächen und Fehlern, Abgrenzung gegen Gruppendruck) und helfen, eine realistischere Selbsteinschätzung zu erlangen. Sie fördern **kommunikative und soziale Kompetenz** (einander zuhören/ausreden lassen, in Ich-Botschaften sprechen, konstruktive Kritik formulieren, mit Kritik umgehen, Akzeptieren von unterschiedlichen Meinungen, Wertschätzen anderer) ebenso wie die **Vertrauensfähigkeit** (sich berühren lassen, sich – auch von wenig Vertrauten – helfen lassen, sich als getragen erfahren, anderen etwas zutrauen, Ausweitung der eigenen Grenzen) und das **Verantwortungsbewusstsein**. Nicht zuletzt wird **Konzentrationsfähigkeit** und **Durchhaltevermögen** trainiert.

An das Vorstellen des Projektes, der daran Beteiligten und der Rahmenbedingungen sowie einer Einstiegsübung („Das laufende A") schließen sich 7 Nachmittagsblöcke an:

- 2 Blöcke **Vertrauensaufbau** auf der Hochburg (mit den Übungen „Siamesische Zwillinge", „Blindführen", „Dampfer im Nebel", „Pendel", „Adler", „Vertrauensfall/-sprung")
- 2 Blöcke **Kooperation** auf der Hochburg bzw. in der Wildgutachschlucht („Dschungelbrücke", „Förderband", „Säureteich", „Lichtschranke", „The Wall", „Wild Woosey", „Seilbrücke")
- 3 Blöcke **Persönliche Herausforderung** in der Sporthalle bzw. am Hünersedel-Aussichtsturm („HMS-Sichern", „Top Rope-Klettern", „Gehaltene Leiter", „Trapezsprung", „Dangle Do", „Abseilen mit Achter")

Nach dem vierten und siebten Nachmittagsblock werden Transfer-Einheiten im Klassenzimmer eingeschoben, bei denen die gemachten Erfahrungen des Vertrauens und der Kooperation bzw. persönlicher Herausforderung aus der christlich-biblischen Tradition gedeutet werden sollen (Goldene Regel bzw. Psalm 18,30).

Eine abschließende **Nacht-Orientierungsaktion** in begleiteten Kleingruppen im Kaiserstuhl mit Vorbereitung in der Schule und Abschluss in der Katharinenkapelle erfolgt eine je persönliche und gemeinsame **Reflexion** des gesamten Projektes, deren Grundlage ein persönliches Portfolio-Heft der Schüler/innen bildet.
Die beiden Kooperationspartner (Jugendberufshelferin, Religionslehrer) werden nach Möglichkeit durch außerschulische Mitarbeiter/innen unterstützt (i. d.R. Praktikant/innen) und stehen in engem Kontakt zu den jeweiligen Klassenlehrer/innen,

die sich ebenso wie einige Fachlehrer manchen außerschulischen Terminen anschließen. Schon allein dadurch verbessert sich durch PA auch in anderen Fächern das Unterrichtsklima.

Konkretionen: Anti-Gewalt und soziales Lernen – ein sozialintegratives Unterrichtskonzept im BVJ

Die gewerbliche Schule in Tuttlingen hat in den letzten Jahren bei Schülerinnen und Schülern eine hohe Bereitschaft beobachtet, Konflikte mit Gewalt und aggressivem Verhalten zu lösen. Dabei scheint es nahe zu liegen, dass es Faktoren gibt, die eine friedliche Lösung des Konfliktes behindern. Diese Faktoren liegen z. B. in Schulängsten, im geringen Selbstwertgefühl der Schülerinnen und Schüler sowie in der Unfähigkeit, mit den eigenen Gefühlen umzugehen. Eigene Gewalterfahrungen und Erfahrungen im Umgang mit Drogen sind häufig Ursache für gewaltbereites Verhalten, aber auch kulturelle Integrationsprobleme spielen eine Rolle. Ein hoher Ausländeranteil in den Klassen und eine häufig fehlende berufliche Perspektive sind außerdem mögliche Ursachen für die Gewaltbereitschaft in Klassen und unter Schülern.

Ausgehend von diesen Beobachtungen wurde in der gewerblichen Schule in Tuttlingen ein Gewaltpräventionsprogramm entwickelt, das die Stärkung des Selbstwertgefühls zum Ziel hat. Dabei werden eigene Gewalt- und Drogenerfahrungen reflektiert und die Möglichkeit zur Kanalisierung von Gefühlen wird aufgezeigt, indem die Verbalisierung geübt wird. Die Entwicklung beruflicher Perspektiven wird verdeutlicht und trainiert, Hilfestellung bei Freizeitaktivitäten wird angeboten. Gewaltfreie Konfliktlösungsmodelle werden aufgezeigt und eingeübt, ein Abbau von Vorurteilen und die Entwicklung von Toleranz wird gefordert und gefördert. Außerdem ist die Stärkung der Konzentrationsfähigkeit und der Selbstdisziplin ein großes Anliegen in dem Gewaltpräventionsprojekt.

In 7 Trainingsmodulen werden die obengenannten Ziele umgesetzt:

I. Kennen lernen – Klassengemeinschaft
II. Auseinandersetzung mit dem eigenen Selbstbild / Selbstwert – Selbsteinschätzung und Fremdwahrnehmung
III. Praktikum Berufsfindung: Bewerbung
IV. Aggression und Gewalt: Gewaltprävention, Konflikte in Alltag und Beruf, Ursachen von Gewalt, Antiaggressionstraining, Arbeit mit Straffälligen und Resozialisierung
V. Freizeit und Sucht – Suchtprävention
VI. Asiatische Kampfkunst, Entspannungstechniken, Selbstverteidigung
VII. Medienpädagogisches Projekt

8.

Das Projekt der gewerblichen Schule in Tuttlingen ist ein wöchentlich durchge-führtes 4-stündiges Konzept, das auf dem Prinzip des Teamteachings und der An-wendung gruppendynamischer Methoden basiert. Dabei wurde die Einbeziehung außerschulischer Partner als sehr bedeutsam eingeschätzt.[8]

[8] Das Projekt „Anti-Gewalt und Soziales Lernen im Berufs-vorbereitungsjahr" ist ver-öffentlicht in: Gesellschaft für Religionspädagogik 2005, S. 296-304.

4. Abschluss

Leben mit Brüchen – neue inhaltliche und organisatorische Formen im BVJ, so war das Thema des Arbeitskreises. Bei allen Recherchen im Vorfeld und bei der Arbeit mit den Schülerinnen und Schülern des BVJ wird deutlich, dass es das Leben mit Brüchen gibt. Und dennoch: Jede Schülerin und jeder Schüler hat Begabungen und es gilt, diese Begabungen deutlich zu machen und mit ihnen zu arbeiten und sie zu stärken. Die neuen inhaltlichen Zugehensweisen des kompetenzorientierten RU und die Möglichkeit, adäquate Organisationsformen im Schulalltag zu finden, machen eine Arbeit im RU möglich, die die kreative und selbstbestimmte Lebens-bewältigung der Schülerinnen und Schüler zum Ziel hat, diese fördert und einübt.

Literatur

ERPENBECK, JOHN / ROSENSTIEL, LUTZ VON (Hrsg.) (2007): Handbuch Kompetenzmessung. Erken-nen, verstehen und bewerten von Kompetenzen in der betrieblichen, pädagogischen und psycho-logischen Praxis, Stuttgart [2] 2007.

GESELLSCHAFT FÜR RELIGIONSPÄDAGOGIK / DEUTSCHEN KATECHETENVEREIN (Hrsg.) (2005): Neues Handbuch Religionsunterricht an berufsbildenden Schulen, Neukirchen-Vluyn 2005.

HILGER, GEORG / LEIMGRUBER, STEPHAN / ZIEBERTZ, HANS-GEORG (Hrsg.) (2001): Religionsdidaktik. Ein Leitfaden für Studium, Ausbildung und Beruf, München 2001, S. 455-470.

KULTUS UND UNTERRICHT:‚Bildungsplan für alle beruflichen Schulen, Evangelische Religionslehre, Katholische Religionslehre, [Lehrplanheft 3/2003], Villingen-Schwenningen 2003.

SEKRETARIAT DER DEUTSCHEN BISCHOFSKONFERENZ (Hrsg.): Grundlagenplan für den Katholischen Religionsunterricht an Berufsschulen, Bonn 2002 (Zitiert als DBK 2002).

Prof. Dr. Norbert Mette Universität Dortmund
Religiöse Kompetenzen –
und wie sie sich entwickeln

Nach einer einleitenden Erläuterungen zur allgemeinen Entwicklung der Bildungsstandards erfolgte die Vorstellung und Diskussion folgenden Modells für den Religionsunterricht.

Grundlegende Kompetenzen religiöser Bildung

Dimensionen der Erschließung von Religion	Perzeption: Wahrnehmen Beschreiben	Kognition: Verstehen Deuten	Performanz: Gestalten Handeln	Interaktion: Kommuni- zieren Urteilen	Partizipation: Teilhaben Entscheiden	
Gegenstands- bereiche	**Kompetenzen**					**Exemplarische Lebenssituationen**
Subjektive Religion	1. Die persönliche Glaubensüberzeugung bzw. das eigene Selbst- und Weltverständnis wahrnehmen, zum Ausdruck bringen und gegenüber anderen begründet vertreten.					Persönliche Glaubensüber- zeugung, z. B. Gespräch un- ter Freundinnen bzw. Freun- den: „Glaubst du an Gott?"
Bezugsreligion des Religions- unterrichts: Christentum evangelischer Prägung	2. Religiöse Deutungsoptionen für Widerfahrnisse des Lebens wahr- nehmen, verstehen und ihre Plausibilität prüfen.					Widerfahrnisse des Lebens, z. B. schwerer Unfall eines Mitschülers: „Wie kann Gott das zulassen?"
	3. Entscheidungssituationen der eigenen Lebensführung als religiös relevant erkennen und mithilfe religiöser Argumente bearbeiten.					Entscheidungssituationen z. B. ungewollte Schwanger- schaft: „Darf ich abtreiben?"
	4. Grundformen religiöser Sprache (z. B. Mythos, Gleichnis, Symbol, Bekenntnis, Gebet, Gebärden, Dogma, Weisung) kennen, unter- scheiden und deuten.					Grundformen religiöser Sprache, z. B. Vorbereitung eines Schulgottesdienstes: „Wie formuliert man eigentlich ein Gebet?"
	5. Über das Christentum evangelischer Prägung (theologische Leit- motive sowie Schlüsselszenen der Geschichte) Auskunft geben.					Selbstverständnis der Be- zugsreligion, z. B. Gespräch mit einem Muslim: „Ist für euch Christen Jesus mehr als ein Prophet?"
	6. Grundformen religiöser Praxis (z. B. Feste, Feiern, Rituale, Diako- nie) beschreiben, probeweise gestalten und ihren Gebrauch reflek- tieren.					Grundformen religiöser Praxis, z. B. Taufe – Anfrage einer Verwandten: „Willst du Taufpate unseres Kindes werden?"
	7. Kriterienbewusst lebensförderliche und lebensfeindliche Formen von Religionen unterscheiden.					Lebensfeindliche und -förder- liche Formen von Religion, z. B. Medienberichterstat- tung über den US-Präsident- en G. W. Bush: „Warum führt er einen ‚Kreuzzug' ...?"

Dimensionen der Erschließung von Religion	Perzeption: Wahrnehmen Beschreiben	Kognition: Verstehen Deuten	Performanz: Gestalten Handeln	Interaktion: Kommuni- zieren Urteilen	Partizipation: Teilhaben Entscheiden	
Andere Reli- gionen und/ oder Weltan- schauungen	1. Sich mit anderen religiösen Überzeugungen begründet auseinan- dersetzen und mit Angehörigen anderer Konfessionen bzw. Religi- onen respektvoll kommunizieren und kooperieren.					Andere religiöse Überzeu- gungen, z. B. Ramadan: „Warum fastet ihr?"
Religion als gesell- schaftliches Phänomen	2. Zweifel und Kritik an Religion sowie Indifferenz artikulieren und ihre Berechtigung prüfen.					Zweifel an Religion, z. B. Mobbing gegen einen Jugendlichen, der sich in der Kirche engagiert: „Wie kann man heute zur Kirche gehen?"
	3. Den religiösen Hintergrund gesellschaftlicher Traditionen und Strukturen (z. B. von Toleranz, des Sozialstaates, der Unterschei- dung Werktag/Sonntag) erkennen und darstellen.					
	4. Religiöse Grundideen (z. B. Menschenwürde, Nächstenliebe, Ge- rechtigkeit) erläutern und als Grundwerte in gesellschaftlichen Konflikten zur Geltung bringen.					Gesellschaftliche Traditionen und Strukturen, z. B. ver- kaufsoffener Sonntag: „Soll man sonntags frische Brötchen kaufen können?"
	5. Religiöse Motive und Elemente in der Kultur (z. B. Literatur, Bilder, Musik, Werbung, Filme, Sport) identifizieren, ideologiekritisch re- flektieren und ihre Bedeutung erklären.					Religiöse Grundideen, z. B. Menschenwürde – Pflegefall in der Familie: „Darf man Sterbehilfe leisten?"
						Religiöse Motive in der Kultur, z. B. Besuch eines Fußballstadions: „Fußball ist mein Leben"

Aus: Fischer, Dietlind / Elsenbast, Volker (Hrsg.): Grundlegende Kompetenzen reli- giöser Bildung. Zur Entwicklung des evangelischen Religionsunterrichts durch Bil- dungsstandards für den Abschluss der Sekundarstufe I, Münster 2006, S. 19f.

Ludwig Rendle Hauptabteilung Schulischer Religionsunterricht, Bistum Augsburg
Schulpastoral an beruflichen Schulen

1. Situation an beruflichen Schulen

- Beruf in der Regel im Vordergrund
- berufsspezifische Fächer – allgemein bildende Fächer
- RU: Randsituation im Fächerkanon?
- 1 Tag / Woche bzw. Blockunterricht
- 45-Minuten-Rhythmus
- unterschiedliche Bildungsabschlüsse in 1 Klasse (alle Eingangsvoraussetzungen!)
- Klassenverband / Betriebszugehörigkeit
- 15- / 16- jährige und Erwachsene
- altersübergreifender Klassenverband
- z. T. interreligiöse Gruppen
- Mischklassen (z. T. jahrgangsübergreifend)
- Sozialstruktur inhomogen
- spezifische Berufe
- frühere Erfahrungen mit Religion / Kirche / RU und
- „jetzige" bzw. nahe zurückliegende Erfahrungen
- religiöse Sozialisation?
- Familienhintergrund
- alte / neue Bundesländer
- Stadt / Land
- Internationalität
- persönliche Beziehungschancen und -probleme
- Sozialkompetenzen

2. Christsein in der Schule — Schulpastoral als Partner in der Schulentwicklung

2.1 Schulpastoral als Beitrag zur humanen Gestaltung des Lebensraums Schule

Schule wird als Raum verstanden, in dem der Heranwachsende sich seiner Möglichkeiten und Fähigkeiten bewusst und zu ihrer Entfaltung angeregt werden soll. Diese „Möglichkeiten", diese Erfahrungen und Begegnungen stellen sich selten spontan oder zufällig ein. Deshalb muss diese Schule als Lebensraum auch arrangiert werden.

Junge Menschen brauchen Räume, in denen durch konkret erfahrene Zuwendung, Ermutigung, Solidarität, mitmenschlichen Umgang, Kooperation und Formen gelebten Glaubens günstige Voraussetzungen für das Finden der eigenen Lebensform bestehen. Der junge Mensch ist für Möglichkeiten disponiert, die er noch nicht kennt und deren Grenze nicht von vornherein feststeht. Deshalb muss er angeleitet werden, seine Möglichkeiten zu suchen und zu erproben. In einem derartig gestalteten Schulleben sollen Kinder und Jugendliche Hilfen erhalten zu einer vielseitigen persönlichen Entfaltung. Gegenüber Reizüberflutung und Medienkonsum gewinnen die Dimensionen der unmittelbaren Erfahrung und der Eigentätigkeit immer größere Bedeutung. Dies bedingt für den schulischen Unterricht Methoden, welche den Schülern Möglichkeiten der Selbstwahrnehmung, der sozialen Interaktion und des sich Erprobens bieten. Schulstress, Schulverdrossenheit und Aggression soll begegnet werden durch das Einüben einer Kultur mitmenschlichen Umgangs und Regeln sozialer Kooperation. Arbeitsgemeinschaften oder Projekte tragen als schulische Interaktionsformen dazu bei, die Fähigkeit zum gemeinsamen Handeln, zum Entdecken und Lösen praktischer Probleme in Versuch, Spiel und Erkundung zu lernen. Das Konzept „Öffnung der Schule" will das „Insel-Dasein" der Schule aufbrechen und Unterricht mit der außerschulischen Wirklichkeit in Verbindung setzen, z. B. mit dem Besuch historischer Stätten, sozialer und kirchlicher Einrichtungen oder anderer Lernorte.

Schule als Lebensraum erfordert eine Gestaltung des Zusammenlebens: Dazu gehören das Einüben eines wertschätzenden Umgangs, das Erfahren von Gemeinschaft bei Feiern und Projekten wie auch bei der Gestaltung des Klassenzimmers oder des Schulhauses. Diese Erwartungen und Forderungen der Pädagogik an die Schule finden sich auch in einer Konzeption von Schulpastoral verwirklicht, welche den Menschen im Lebensraum Schule Hilfe und Lebensbegleitung anbietet und die auch ihren Beitrag zur Gestaltung des Schullebens und der Schulkultur leisten möchte.

2.2 Schulpastoral als Ferment

Wenn die Gestaltung des Lebensraumes Schule zusammengefasst werden kann unter dem Begriff „Schulkultur", dann wird unter „Schulkultur" häufig der Veranstaltungskalender einer Schule mit Hinweisen auf Konzerte, Theateraufführungen, auf sportliche Angebote oder Ausstellungen verstanden. Eine solche Schulkultur wird zum sonstigen Schulalltag einfach addiert; sie findet auf einer Sonderbühne statt, verändert aber nichts (additives Verhältnis). Eine derartig verstandene Schulkultur dient häufig auch als Aushängeschild einer Schule, die damit vorzeigen kann, was in ihr alles an außergewöhnlichen Angeboten geschieht. Auch Schulpastoral muss sich fragen lassen: Wo stehen z. B. Schulgottesdienste gleichsam als Pflichtübungen zu bestimmten Zeiten wie am Anfang und Ende des Schuljahres oder an Weihnachten, die dann oft zu wenig mit dem Leben der Schule verbunden sind, da sie nicht aus ihm heraus entstehen und sich kaum auf das Zusammenleben auswirken.

Eine andere Beziehungsform ist nicht selten anzutreffen: Schulkultur wird als Bereicherung der Schule, des Schullebens verstanden. Die künstlerischen und sozialen Aktivitäten, die Lehrwanderungen und Projektwochen, vielleicht auch die Orientierungstage bereichern die Palette schulischen Lernens, machen die Schule erträglicher, lassen Unmut und Stress vergessen.

Man kann dieses Beziehungsverhältnis von Schulkultur und Schulalltag als funktional bezeichnen: Es dient dem Ausgleich. Es bereichert die einzelnen, die davon betroffen sind wie auch letztendlich die Schule, aber es verändert die Schulwirklichkeit nicht. Das Schulfest z. B. würde in seinem Reinerlös einem wohltätigen Zweck in der Dritten Welt zugedacht; entwicklungspolitische Fragen wurden dabei aber nicht thematisiert. Der Schulchor hat in der Weihnachtszeit im Altersheim adventliche Lieder gesungen und die alten Menschen erfreut; Überlegungen, wie man die Einsamkeit dieser alten Menschen während des Jahres mindern könnte, wurden nicht angestellt.

Es liegt mir fern, alle diese Bemühungen und Aktivitäten zu werten, aber wenn wir danach fragen, wie die Schulwirklichkeit von ihnen durchformt oder verändert wird, müssen wir manche kritische Beurteilung vornehmen.

Dieses Modell bringt Schulalltag und Schulkultur in einen wechselseitigen Formungs- und Prägungsprozess: Alle Formen schulischen Lehrens, Lernens und Erziehens, alle Aktionen und Bezüge im schulischen Raum werden von diesem umfassenden Erziehungskonzept strukturiert und erhalten erst von ihm Sinngebung. Eine solche Schulkultur erwächst aus einem ganzheitlich pädagogisch-anthropologischen Verständnis von Schule, das orientiert ist an den Prinzipien der Lebens- und Weltnähe und des Entdeckens, Erlernens und Erprobens von Leben. Schulkultur bestimmt die Umgangsformen zwischen Schülern und Lehrern, die Gestaltung der Klassenzimmer und den Umgang auf dem Pausenhof.

3. Christ sein in der Schule – Dimensionen schulpastoralen Handelns

3.1 Die Emmauserzählung als Paradigma schulpastoralen Handelns

In der Emmauserzählung (Lk 24,13-35) wird in fast paradigmatischer Weise zum

Ausdruck gebracht, wie dieses Christ sein in der Schule als Mit-Gehen, Mit-Suchen, Mit-Deuten, Mit- Feiern, Mit-Leben, Mit-Teilen der Schulpastoral Orientierung zu geben vermag.

– Hinzukommen, hinhören und mitgehen
„Während die Jünger redeten und ihre Gedanken austauschten, kam Jesus hinzu und ging mit ihnen." (V15)
Schulpastoral als Wegbegleitung anzunehmen heißt, die Lebenswelt der Schülerinnen und Schüler, der Kolleginnen und Kollegen ohne Wertung, aber mit Interesse kennen zu lernen und zu verstehen versuchen, sie ernst zu nehmen, sich dafür zu interessieren, was die anderen bewegt, hinzuhören und zunächst einfach den Weg mitzugehen.

– Stehen bleiben und Fragen stellen zu dem, was den anderen Menschen bewegt
„Da blieben sie traurig stehen …. Er fragte sie: Was denn?" (V17-19)
Schulpastoral als Innehalten, als Unterbrechung des Gehens, um Zeit zu haben zur Mitteilung, was einen bewegt, was einem Angst bereitet, oder über was man trauert. Dieses Zuhören setzt Zeit voraus, die Bereitschaft, sich auf die Schüler/innen, auf die Kollegin, den Kollegen oder auf Eltern einzulassen, und eine Sensibilität, welche auch mit den passenden Fragen weiterhelfen kann. Diese Art von Interesse kann anderen Mut machen, selber weiterzufragen und so selbstständig Lösungen für sich zu finden.

– Heilswege und den Sinn der Schrift erschließen
„Begreift ihr denn nicht? … Musste nicht der Messias all das erleiden …" (V25-26)
Schulpastoral kann – im Unterricht und außerhalb – den letzten Existenzfragen nach dem „Warum" nicht ausweichen. Das Angebot des Glaubens erfolgt nicht in einfacher Information, sondern im einfühlsamen Erschließen, im behutsamen Verknüpfen der eigenen Lebensgeschichte mit der Glaubensgeschichte. Auf diese Weise kann neuer Sinn erfahren und neue Hoffnung geschöpft werden.

– Gemeinschaft erfahren und mitgestalten
„Da ging er mit hinein, um bei ihnen zu bleiben …" (V29)
Schulpastoral als Erlebnis und Erfahrung der Gemeinschaft kann wesentlich mithelfen, den „Tatort Schule" zu einem Lebensraum mitzugestalten, in dem die oder der einzelne jenseits von Leistung sich als Mensch angenommen weiß und in der Gemeinschaft Geborgenheit und Angenommensein erfahren kann. Viele unserer Schülerinnen und Schüler brauchen dieses Gefühl der Akzeptanz, um eine Beziehung zu sich selber zu finden und ein Selbstwertgefühl entwickeln zu können.

– Gottesdienst feiern

„Er nahm das Brot, sprach den Lobpreis, brach das Brot und gab es ihnen ..." (V30)
Eine Schulpastoral kann bei verschiedenen Gelegenheiten einladen, die Zuwendung Gottes zu den Menschen zu bedenken, zu feiern, Gott zu danken für erfahrene Gaben, z. B. am Ende eines Schuljahres, am Erntedank usw. oder ihn um Wegbegleitung zu bitten, z. B. am Schuljahresbeginn. In diesen liturgischen Feiern kommt das gleichsam verdichtet zum Ausdruck, was in der Schulpastoral allgemein intendiert wird: Wegbegleitung und Gemeinschaftserfahrung. Nur wenn dies erfahren wird, wirken gottesdienstliche Feiern nicht als isolierte Angebote, sondern als Ausdruck gemeinsamen Erlebens.

– Die Botschaft anderen mitteilen

„Noch in derselben Stunde brachen sie auf..." (V33)
Schulpastoral, die Wegbereitung als Erlebnis der Gemeinschaft und Lebenshilfe aus dem Glauben anbietet, kann zur Erfahrung werden, dass Gott „bei uns" ist. Wie die Emmausjünger werden Schüler und Lehrer es nicht für sich behalten und sich in abgeschirmten Zirkeln treffen wollen, sondern sie werden sich mitteilen, ihre Freude weitergeben und damit andere ansprechen. Ihre Erfahrung wird weitere Kreise ziehen und das Leben in der Schule verändern.

3.2 Grunddienste christlichen Handelns in der Schulpastoral

Die vier Grundvollzüge der Kirche, die seit dem II. Vatikanischen Konzil als praxisbezogene Handlungsbereiche für jede Form einer christlichen Gemeinschaft bedeutsam sind, können auch für die Schulpastoral Orientierung bieten. Ebenfalls gilt für die Schulpastoral, dass einer einseitigen Überbetonung oder Ausklammerung jeder dieser vier Handlungsbereiche entgegengesteuert werden muss.

3.2.1 Dienst am Menschen
Mit-Gehen (Diakonia)

Die persönliche helfende Begleitung eines Menschen ist gleichsam das prägende Markenzeichen der gesamten christlichen Schulpastoral, denn der Glaube an die Menschenfreundlichkeit Gottes zeigt sich im konkreten, alltäglichen Dienst mit den Menschen und für die Menschen im Lebensraum Schule. Überall dort, wo Begleitung, Beratung und das Mitgehen in den Sorgen und Nöten des Alltags geschehen, persönliche Hilfen für das breite Spektrum der Schulängste und Schulschwierigkeiten angeboten werden, wird Diakonia erfahrbar. Diese persönliche Dimension der Schulpastoral bedeutet daher gleichzeitig eine klare Absage an jeden blinden Aktionismus.
Diakonia erfolgt primär bereits im Unterricht jeder Lehrerin/jeden Lehrers, die/der durch die Art des Umgangs den Schülerinnen und Schülern hilft, den Alltag zu be-

wältigen. Dies gilt insbesondere, wenn sie/er darüber hinaus noch bereit ist, persönliche Fragen und Probleme der Schülerinnen und Schüler in den Unterricht mit ein zu beziehen oder außerhalb des Unterrichts zu besprechen.

Im Rahmen der Schule oder außerhalb der Schule kann Diakonia erfahrbar werden, wenn Schüler/innen oder Lehrer/innen wie auch Eltern einander annehmen und Begleitung anbieten in sozialen Aktionen für Menschen in Not oder in Partnerschaften, z. B. in der Tutorenarbeit, in Besuchsdiensten in Altenheimen, in der Hausaufgabenbetreuung für Kinder ausländischer Mitbürger usw.

Erstes schulpastorales Grundprinzip gemäß den Grundvollzügen der Kirche ist demnach ein sensibles Wahrnehmen der aktuellen Fragen und Nöte oder Bedürfnisse der Menschen in der Schule, verbunden mit dem Angebot personaler, organisatorischer oder institutioneller Hilfe

3.2.2 Glauben erfahren und bezeugen
Mit-Suchen und Mit-Deuten (Martyria)

Wer als helfender Wegbegleiter erfahren wurde, der auf andere zugeht und sich um ein Miteinander trotz mancherlei Unterschiede bemüht, der wird als bekennender Christ, der ein persönliches Zeugnis von seinem Glauben ablegt, ernst- und angenommen werden. Sensibilität und Offenheit für den jeweiligen Gesprächspartner, gepaart mit einer erfahrbaren Korrelation von Glauben und Leben, machen die Frohe Botschaft als zutiefst heilschaffende und befreiende Lebensantwort attraktiv und erlebbar.

Dies kann in besonderer Weise im Religionsunterricht oder bei Tagen der religiösen Orientierung zum Tragen kommen, ferner in Gesprächskreisen, Bibelrunden oder Vorträgen zu aktuellen Themen in Schule und Pfarrei.

Zweites schulpastorales Grundprinzip ist somit das persönliche Glaubenszeugnis, in dem die gelebte nachvollziehbare Verbindung von Glauben und Leben aufscheint.

3.2.3 Gemeinschaft erfahren und stiften
Mit-Leben (Koinonia)

Die Erfahrung einer Schulgemeinschaft, in der man sich angenommen fühlt und in der einer um den anderen weiß und sich um ihn sorgt, trägt für alle in der Schule Tätigen wesentlich dazu dabei, Schule nicht nur als Lern- und Arbeitsort, sondern auch als Lebensraum zu erfahren.

Koinonia wird überall dort spürbar, wo durch gemeinschaftsfördernde oder atmosphärische Aktivitäten wie Klassenzimmergestaltung, Aussprachestunden, Feiern, Schulfeste, Elternabende oder Besinnungstage, gemeinsame Fahrten oder Wallfahrten, die Möglichkeit besteht, Gemeinschaft zu erfahren, zu stiften und zu gestalten. Wenn Schüler/innen oder Lehrer/innen erleben, dass sie in einer Gemeinschaft als Menschen vorbehaltlos angenommen und akzeptiert sind, werden sie sich selber annehmen und ein positives Selbstbild aufbauen können.

Schulpastoral ist angewiesen auf partnerschaftliche Zusammenarbeit aller in der Schule bzw. all derer, die mit der Schule zu tun haben. Sie will die Menschen mit ihren Meinungen ernst nehmen und ihre Überzeugungen respektieren.

Das dritte schulpastorale Grundprinzip meint das Angebot von Gemeinschaft, die Erfahrung von gegenseitiger Akzeptanz, Wertschätzung und vorbehaltloser Annahme.

3.2.4 Den Glauben feiern
Mit-Feiern (Leiturgia)

Die Erfahrung eines liebenden Gottes, der Mensch wird, der sich mit uns auf den Weg begibt und uns in allen Höhen und Tiefen begleitet, findet ihren tiefsten Ausdruck in der Feier des Glaubens. Weil der Glaube stets eine konkrete Erfahrungswirklichkeit darstellt, darf es nicht nur beim Sprechen bleiben, sondern sollte auch zum Ausdruck dieses Glaubens in der Feier kommen. Knotenpunkte des Schullebens bieten sich hierfür besonders an. Diese Feiern sollen daher in den Schulalltag hineinreichen und ihm zu bestimmten Zeiten oder vor bestimmten Festzeiten einen besonderen Akzent verleihen.

Dies kann beispielsweise geschehen in verschiedenen Schul- und Klassengottesdiensten, in Meditation, Morgenlob und Frühschichten in der Advents- und Fastenzeit oder beim Jugendkreuzweg. Wichtig ist hierbei eine gewisse Vielfalt an liturgischen Feiern. Neben der Hochform der Eucharistiefeier sollen auch nichteucharistische Feiern ihren festen Platz und ihre Bedeutung haben. Je nach der Situation einer Schule können ökumenische Gottesdienste z. B. am Schuljahresanfang oder Schuljahresende, welche die gesamte Schule als betende und feiernde Gemeinschaft erfahren lassen und konfessionell gebundene im sinnvollen Wechsel stehen. Kirchliche Feste wie Erntedank, eine Klassen- oder Schulwallfahrt oder gemeinsame Unternehmungen im Rahmen von Kommunion und Firmung, zu „Adveniat", „Misereor" oder „Renovabis" können darüber willkommene Anlässe zu Gottesdiensten sein.

Das vierte schulpastorale Grundprinzip besteht in der Hinführung zur Liturgie im Kennenlernen religiöser Ausdrucksformen. Wenn die Schüler/innen, Lehrer/innen oder Eltern erfahren, dass liturgische Feiern eine freiwillige, ganzheitliche Antwort auf Gottes Angebot sind, wenn Gottesdienst somit zum Fest wird, als konkreter Ausdruck unseres Lebens als Befreite und Erlöste, dann wird klar: Dies ist ein Glaube, der gut tut, der Leben in Fülle nicht nur propagiert, sondern praktiziert.

3.3 Orte schulpastoralen Handelns

– Religionsunterricht

Im Religionsunterricht begegnen Lehrerinnen und Lehrer, Schülerinnen und Schüler einander als Lernpartner und als existentiell Fragende. Unter den heutigen schwierigen Bedingungen religiöser Sozialisation reicht ein überwiegend kognitiver Religionsunterricht nicht mehr aus, um den Zielen des Religionsunterrichts und den vielfältigen religiösen Bedürfnissen der Kinder und Jugendlichen gerecht zu werden. Gefragt ist vielmehr ein erfahrungsorientierter, biographisch angelegter Religionsunterricht, in dem Schülerinnen und Schüler, Lehrerinnen und Lehrer gemeinsam religiöse Tastversuche unternehmen und in ihrem Tun und Denken die heilsame Präsenz des Christlichen erfahren. Schülerinnen und Schüler wollen mit ihren Fragen und Anfragen, mit ihrem Bedürfnis nach Rituellem und nach Gemeinschaft ernst genommen werden. Für viele von ihnen eröffnet inzwischen erst und oft nur der Religionsunterricht die Begegnung mit christlichen und kirchlichen Zeugnissen und Ausdrucksformen. Wenn Religionsunterricht von diesen Ausgangsüberlegungen her konzipiert wird, ergeben sich im Religionsunterricht, von ihm ausgehend und über ihn hinaus eine Vielfalt an schulpastoral bedeutsamen Handlungsmöglichkeiten.

Konkretionen:
- Im Religionsunterricht entsteht häufig ein Vertrauensverhältnis zwischen Lehrerinnen oder Lehrern und Schülerinnen oder Schülern. Deshalb sollten sich die Religionslehrerinnen und -lehrer Zeit nehmen, wenn Schülerinnen und Schüler sich mit ihren Nöten ihnen anvertrauen und Rat suchen.
- Vom Religionsunterricht initiiert und begleitet können Sozialprojekte oder -praktika durchgeführt werden.
- Meditative, erfahrungs- und handlungsorientierte Elemente im Religionsunterricht bilden in Ergänzung zur gedanklichen Reflexion die Basis für ein umfassenderes Verstehen und Begreifen von Religion und von der befreienden, alltags verändernden Kraft des christlichen Glaubens.
- Eigene Meditationsräume in Berufsschulen ermöglichen intensivere Erfahrungen, Zeiten der Unterbrechung und damit Möglichkeiten des Rückzugs und des Atemholens in einer ansonsten oft hektischen und durchorganisierten Schule.

– Schule

Das Leben an den Schulen ist in den letzten Jahren vielfältiger und bunter geworden:
Zahlreiche kreative Aktionsfelder gestalten das Schulleben und lassen Schule zum

10.

Lebensraum von Kindern und Jugendlichen werden. Auch die Schulpastoral kann ihren Beitrag zur Kultivierung des Unterrichts und des Lebensraums Schule leisten.

Konkretionen:

- Der Religionsunterricht kann für fächerübergreifende Aktionen und Projekte offen sein. Hierbei werden der Lebens- und Weltbezug religiöser Fragestellungen und ihre Verbindung zu den Themen anderer schulischer Fächer in besonderer Weise bewusst (vgl. Lernfelddidaktik)
- Der Blick wird über den eigenen Tellerrand geöffnet, wenn vom Religionsunterricht oder von den Religionslehrern aus regelmäßig wiederkehrende Projekte oder solche zu aktuellen Tagesfragen durchgeführt werden, in denen die Schulgemeinschaft für die Nöte der Welt sensibilisiert und Solidarität mit den Opfern von Gewalt, Krieg und Katastrophen ausgedrückt wird.
- An den Knotenpunkten schulischen Lebens (Schuleintritt und -ende, Schuljahresbeginn und -schluss, Schuljubiläen) können liturgische Elemente vor allem verdeutlichen, dass der Wert eines Menschen nicht auf seinen Leistungsstand reduziert werden darf und es aus christlicher Sicht letztlich Gott ist, der uns ein Leben in Fülle verheißt.
- Wenn Christen in der Schule dem Kirchenjahr folgend ihren Glauben feiern (Besinnungen zur Advents- und Fastenzeit, Gottesdienste vor den Hochfesten, Fastenaktionen...), bietet sich hier auch kirchlich distanzierten Schülerinnen und Schülern, Lehrerinnen und Lehrern oder Eltern die Chance, „Kirche bei Gelegenheit" zu erleben und daran teilzuhaben. Die Religionslehrerinnen und -lehrer sollten sich ihrer Vermittler-Rolle „zwischen den Stühlen", zwischen Kirche bzw. Pfarrei und Gesellschaft in der Lebenswelt Schule bewusst sein und sie produktiv zu nutzen: Lehrerseminare und -freizeiten, Elternabende und -seminare können als Anknüpfungspunkte für die Bearbeitung vielfältiger gemeinschaftsbezogener, existentieller und religiöser Anliegen in den Schulen und Familien dienen.
- In den Klassen werden Schülerinnen und Schüler unterschiedlicher Konfessionen, oft auch unterschiedlicher Religionen unterrichtet. Darum ist die Schulpastoral auch eine ökumenische Aufgabe. Was zwischen Konfessionen und Religionen gemeinsam möglich ist, kann und soll gemeinsam durchgeführt werden.

– Pfarrgemeinde und kirchliche Jugendarbeit

Wo es möglich ist, sollen Pfarrgemeinden und kirchliche Einrichtungen unterstützend zum Wohl einer gelingenden Schulpastoral beitragen.

Auch wenn die schulischen und pfarreilichen Einzugsgebiete vielfach nicht mehr übereinstimmen, so sind die Pfarrer vor allem für die auf dem Gebiet ihrer Pfarrei liegenden Schulen wesentlich mitverantwortlich für die Aufgaben der Schulpastoral. Diese gemeinsame pastorale Verantwortung sollen sie in Kooperation mit den an den jeweiligen Schulen eingesetzten Priestern, pastoralen Mitarbeitern, Religionslehrerinnen und Religionslehrern wahrnehmen.

Aufgrund vielfacher Überschneidungen der religionspädagogischen Handlungsfelder in Schule und Jugendarbeit sollten regelmäßig Abstimmungen auf Pfarrei- oder Dekanatsebene stattfinden.

Hier fallen örtliche und schulartenspezifische Unterschiede besonders ins Gewicht und lassen es als nötig erscheinen, nochmals auf den prinzipiellen ortsbezogenoffenen Ansatz dieses Konzepts hinzuweisen.

Möglichkeiten können sein:

- Pfarrer, Kapläne, Mitarbeiter/innen der Pfarrei oder der kirchlichen Jugendarbeit können auch bei Angeboten wie Frühschichten mit ihrer fachlichen Kompetenz und räumlichen Dienstleistungen mitwirken oder eigene Projekte anbieten.
- Exkursionen und Projekte im Religionsunterricht sollen mit der Kultur- und Kirchengeschichte vor Ort, mit den sozialen kirchlichen Diensten und Einrichtungen der Pfarrei usw. vertraut machen. Schüler/innen können hier „Kirche vor Ort" mit ihren vielfältigen Angeboten und Formen erfahren.
- Gegenseitige Einladungen von Pfarrgemeinden und Schulen sollen dazu beitragen, sich kennen zu lernen, Verständnis füreinander zu gewinnen und ein partnerschaftliches Verhältnis aufzubauen.
- Mitarbeiter/innen kirchlicher Jugendarbeit sollten die Möglichkeiten erhalten, ihre Angebote den Schüler/innen darzustellen.

Praxisraster – Schulpastoral an meiner Schule

		außerhalb des Unterrichts (Schüler, Eltern, Lehrer)	
	Pastorale Dimension des RU	in der Schule	außerhalb der Schule (Pfarrgemeinde, Jugendarbeit ...)
MITGEHEN Dienst an Menschen Diakonia			
MITSUCHEN und MITDEUTEN Den Glauben erfahren und bezeugen Martyria			
MITLEBEN Gemeinschaft erfahren und stiften Koinoia			
MITFEIERN Den Glauben feiern Leiturgia			

4. Brennpunkte schulpastoralen Handelns

4.1 Angebote im Schulhaus:

Adventskalender

Der Adventskalender will zum kurzen Innehalten in der allgemein hektischen vorweihnachtlichen Schulzeit animieren. Den Schülerinnen und Schülern sowie dem Kollegium sollte jeden Morgen ein christlicher Gedankenimpuls mit in den Tag gegeben werden. Der Adventskalender stand in der Eingangshalle und war somit für alle zugänglich. Von den Schülerinnen und Schülern sowie auch von den Kolleginnen und Kollegen wurde diese Idee sehr positiv aufgenommen. Über einzelne Tagesimpulse entwickelten sich zuweilen sogar kurze Gespräche. Erstellt und gestaltet wurden die einzelnen Adventskalenderblätter in DIN-A4-Größe durch Schülerinnen und Schüler anhand von Vorlagen und eigenen Ideen. Ihrer Kreativität wurden keine Grenzen gesetzt, wodurch ein vielfältiger und abwechslungsreicher Adventskalender entstand.

Trauerbuch bei Todes- und Unglücksfällen

Als der Amoklauf in einer Erfurter Schule am 26. April 2002 die Öffentlichkeit schwer erschreckte, veranstalteten wir auch in unserer Schule eine Trauerfeier für die dortigen Opfer. Um den Gefühlen von Schülerinnen/Schülern und Lehrerinnen/Lehrern unmittelbaren Ausdruck zu geben, lag über eine Woche lang an einem zentralen Ort zusätzlich ein Trauerbuch aus, in das jeder etwas hineinschreiben konnte. Die SMV malte ein Plakat: „Wir trauern um die sinnlosen Opfer von Erfurt" als Blickfang, und darunter lag auf einem mit schwarzem Stoff verkleideten Tisch, umrahmt von einer Efeupflanze, einer großen Kerze und vielen kleinen Teelichtern das Kondolenzbuch. Viele Einzelne oder ganze Klassen machten von der Möglichkeit Gebrauch und schrieben anfangs unbeholfene, dann aber immer wohlüberlegter und bewusst ausgesuchte Gedanken und Trauersprüche in das Buch. Da jede und jeder darin alles Aufgeschriebene nachlesen konnte, entstand über das Buch eine nachdenkliche Kommunikation miteinander und etwas wie bewusstes Einüben in Trauer und Gedenken. Das beschriebene Trauerbuch wurde später als Zeichen unseres Mitgefühls nach Erfurt an die Gutenbergschule gesandt.

4.2 Projekte und Aktionen

> ### „Schule ohne Rassismus – Schule mit Courage"
>
> Seit März 2006 darf sich die Berufsschule Neu-Ulm nun offiziell „Schule ohne Rassismus – Schule mit Courage" nennen. Eine ganze Projektwoche lang befassten sich Schüler/-innen und Lehrkräfte mit Rassismus, dummen Sprüchen, Mobbing und Ausgrenzung. Die Aktion, unterstützt und gewürdigt von AktionCourage e. V. und von vielen Prominenten aus dem öffentlichen Leben war ein Volltreffer und soll kein einmaliges Ereignis bleiben. Das Projekt ist langfristig angelegt und will auf die gesamte Bandbreite der Diskriminierungen hinweisen, die es zu überwinden gilt. (→www.bsnu.de)

Tag für Toleranz & gegen rechte Gewalt

Auf Initiative und Einladung des Bundes der Deutschen Katholischen Jugend im Dekanat Rottweil wurde im Juli 2001 unter dem Thema „respect – Tag für Toleranz & gegen rechte Gewalt" ein Aktionstag durchgeführt. Als Schulseelsorger habe ich diesen Tag mitvorbereitet und durchgeführt. Das Katholische Jugendreferat wollte mit diesem öffentlichkeitswirksamen Aktionstag ein deutliches Zeichen gegen rechte Gewalt setzen und „Flagge zeigen". Ziel dieses Tages war die Aufklärung, Information und Auseinandersetzung mit dem Thema Rechtsextremismus bei Jugendlichen.

Der Aktionstag startete mit einem HipHop-Jugendtheaterstück „C.R.A.S.H." zu Rechtsextremismus und Gewalt mit der Theatergruppe „ComicOn", Köln. Im Anschluss an das Theaterstück kam es zu einer anregenden Diskussion zwischen Schülerinnen/Schülern und Schauspielerinnen/Schauspielern. Anschließend wurden drei Workshops mit den Themen: „Rechtsextremismus im www", „Musik zu Mord & Totschlag" und „Jagdfieber"!? „Zu Gast bei den „Sündenbockjägern": Argumente gegen Stammtischparolen" angeboten. Außerdem fand ein Erzählcafé mit Zeitzeugen, die über Macht und Gewalt berichteten, statt. Am späten Nachmittag berichtete das Landesamt für Verfassungsschutz über Rechtsextremismus in Baden-Württemberg. Als Abschluss wurde der preisgekrönte Film „Oi!Warning" (über das Skinhead-Milieu) im Rottweiler Kino gezeigt.

Insgesamt haben nahezu 800 Schülerinnen und Schüler der verschiedenen Rottweiler Schulen an den sieben Angeboten teilgenommen.

Weihnachtsgrüße international

Unsere Berufsschule besuchen Schülerinnen und Schüler aus über 15 verschie-

10.

denen Ländern. Die Idee war, den obligatorischen Weihnachts- und Neujahrsgruß in den unterschiedlichsten Sprachen auf zwei großformatigen Tafeln anzubringen und im Eingang zum Schulgebäude neben dem Weihnachtsbaum aufzustellen.

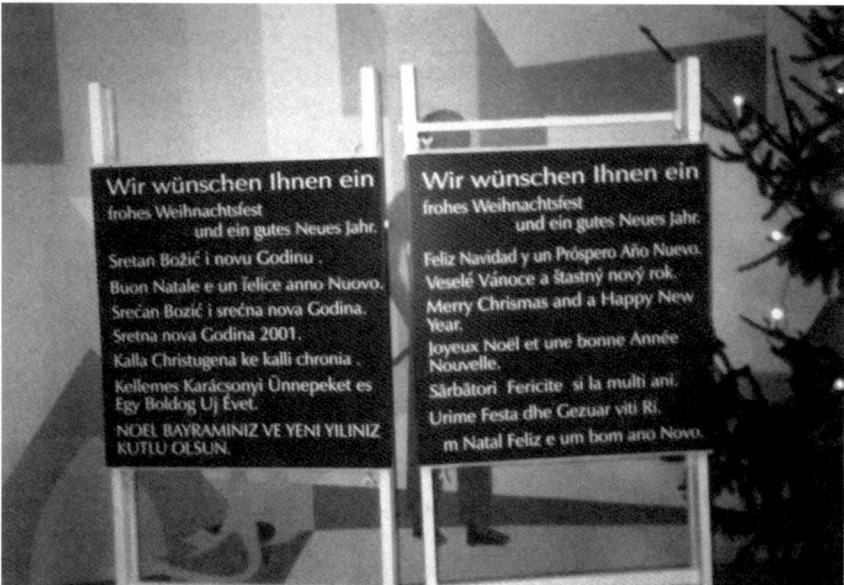

Den Schülerinnen und Schülern soll deutlich gemacht werden, wie viele verschiedene Nationalitäten an unserer Schule sind. Außerdem soll unseren ausländischen Schülerinnen und Schülern durch die persönliche Ansprache ein kleines Stück Heimat vermittelt werden. Schülerinnen und Schüler einer zweijährigen Berufsfachschule aus dem Bereich Farbe haben diese Tafeln im Praxisunterricht gestaltet und aufgestellt. Die Tafeln sind so angefertigt, dass sie jedes Jahr wieder aufgestellt werden können. Es ist immer wieder interessant zu beobachten, wie einzelne Schülerinnen und Schüler vor den Tafeln stehen und versuchen, die jeweilige Sprache zu entschlüsseln.

Ramadan und Advent im Vergleich

Als der islamische Fastenmonat Ramadan in die Adventszeit fiel, war das die Gelegenheit, um mit einem interreligiösen Gespräch über Unterschiede, aber auch Berührungspunkte von Christentum und Islam zu beginnen. Dass das Bedürfnis auf beiden Seiten groß war, zeigte die zahlreiche Beteiligung von Schülerinnen und Schülern beider Religionen. Zwei Referentinnen stellten nacheinander die Art des Fastens der Muslime im Ramadan und den Advent als Zeit der Besinnung mit der dazugehörigen Symbolik (Adventskranz, Adventskalender, …) dar, um danach über Rückfragen zu einem Austausch miteinander zu kommen. Dass die Sinntiefe des Advents in unserer Kultur durch den vorweihnachtlichen Konsumrummel sehr beeinträchtigt wird, stellten die christlichen Schülerinnen und Schüler mit großem Bedauern fest und beneideten die Muslime, denen ihre Religion eindeutige Entschiedenheit in ihrem Konsumverhalten über einen Monat hinweg abverlangt, um zur Besinnung zu kommen … Als kurz darauf der Papst zu einem eintägigen Mitfasten der Katholiken mit den Muslimen aufrief, folgte ein Aufruf dazu am Schwarzen Brett – die Beteiligung daran konnte natürlich nicht nachgeprüft werden …

Martin Butter
Mit Berufsschülern meditieren? –
Impulse aus der Kontemplation

Martin Butter
- geb. 1959, verheiratet, drei Töchter
- Diplom-Theologe
- Kontemplationslehrer der „Würzburger Schule der Kontemplation"
- Religionslehrer an einer Beruflichen Schule.

[1] Wenn hier und in der Folge von „Lehrern" oder „Schülern" die Rede ist, sind damit nicht die männlichen Lehrer oder Schüler gemeint, sondern die Lehrerinnen und Lehrer und Schülerinnen und Schüler unabhängig ihrer Geschlechtlichkeit.

Lehrer[1] ebenso wie ihre Schüler erleben ihr Leben, schulisch wie auch privat, häufig als ein von vielen Terminen bestimmtes, vorgeplantes und häufig verplantes Leben. Orte und Stunden des Durchatmens, der Ruhe, des Zu-sich-Kommens scheinen darin wenig oder keinen Platz zu haben und doch ist die Sehnsucht danach groß. Angesichts der Fülle von Informationen, Zeitmanagements, Vorplanungen, usw. wird der Wunsch nach Zeiten der Ungebundenheit, um zur Besinnung, um zu sich selbst kommen zu können, besonders intensiv.

Im gleichen Maß wie die Sehnsucht wächst, wächst auch der Markt der Möglichkeiten, der Hilfen verspricht. Rezepte des Machbaren, Herstellbaren „wenn – dann", nach dem Motto: „Tu dies auf diese Weise und dann wird alles gut", werden nachgefragt.

Im schulischen Bereich erfahren Elemente wie Meditation oder stille Momente wieder einen vermehrten Zuspruch, auch weil sie den anderen schulischen Zielen als dienlich erscheinen. Was aber kann von einer Meditation erwartet werden und welche hilfreichen Impulse – zu unterscheiden von methodischen Heilsversprechungen – können von Seiten der Kontemplation eingebracht werden?

Zum besseren Verstehen der folgenden Ausführungen vorab einige wenige, knapp gefasste Anmerkungen zur Meditation und zur Kontemplation.

Meditieren kann man vieles: Ein Bild, eine Kerze, einen Baum, einen Text, ein Wort und vieles mehr. Meditieren bedeutet den Gegenstand der Meditation auf sich wirken lassen und die gewonnenen Einsichten auf das eigene Leben, auf die eigene Lebenssituation zu übertragen. Meditation führt den Menschen in der Regel auch zur Ruhe.

In der kontemplativen Übungspraxis hat der Mensch keinen Gegenstand, den er meditiert. Die kontemplative Übungspraxis ist geprägt vom „Sitzen in der Stille", welches ein Teil des kontemplativen Weges ist und für heutige Menschen oftmals fremd anmutet. Wer sich jedoch aufmacht und den Weg der Kontemplation beschreitet, hat die Möglichkeit sehr vieles an Stille und Essenz zu erfahren. In der kontemplativen Übungspraxis lässt sich der Mensch ganz sein, er lässt sich ganz ein auf das Jetzt, auf den Augenblick des Lebens. Um sich ins Jetzt, in den gegenwärtigen Augenblick zu lassen, lässt er alle Anhaftungen an Gedanken und Gefühle los, er lässt sich in die Stille ein. Die Übung der Kontemplation ist der Weg zum „Schauen ins nackte Sein". Auf diesem Weg kann es u.a. hilfreich sein, mit dem eigenen Atem zu gehen, denn dieser ist immer im Jetzt. Im Jetzt ist das Leben. Nur im gegenwärtigen Augenblick des Jetzt ist das Leben in seiner Fülle für den Menschen zugegen. Die Fülle des Lebens schließt den ganzen Menschen mit ein und auch die Quelle des Lebens ist in ihr präsent. In der Fülle des Lebens ist die Quelle des Lebens, ist Gott zugegen. In der Unmittelbarkeit des Augenblicks, dann wenn der Mensch nur ist, ist der Mensch eins mit sich und eins mit Gott. Er ist so sehr eins mit dem Leben, dass in dieser Erfahrung des Eisseins kein Objekt der Erfahrung mehr ist. Alles „ist" nur mehr. (Hier hat die Rede von der „Erfahrung der Nichterfahrung" ihren inhaltlichen Ort.) Im Einsseins mit der ganzen Wirklichkeit, mit der Fülle des Lebens, bleibt der Mensch aber zugleich eingebunden in seinen Lebensalltag. Daher führt der kontemplative Weg den Menschen auch immer wieder aus der „Erfahrung der Nichterfahrung" heraus mitten hinein in seinen bestehenden Alltag. Der bestehende Alltag erscheint ihm in dieser Erfahrung in einem neuen, ursprünglicheren Licht, da sich durch das „Schauen ins nackte Sein" die Sehfähigkeit des Schauenden verändert hat. Durch die gewonnene neue Wahrnehmung gewinnt der Aspekt der Beziehungskompetenz eine immer größere Bedeutung für die Gestaltung des Lebens, gerade auch im schulischen Bereich. So wird die gelingende Beziehung zwischen Menschen als Basis gelingenden Unterrichts erfahren.

Wer den kontemplativen Weg geht, der wird erleben, wie sich sein Zugang zur Lebenswirklichkeit seiner Schüler[1] wandelt, wie er wesentlicher, essentieller wird. Er wird erleben können, wie auf dem Nährboden der Kontemplation seine Begegnungen mit den Schülern und sein gesamter Schul- und Lebensalltag vom Wesen des Lebens her befruchtet werden. Das gesamte Leben in all seinen Formen wird aus einer wesentlicheren, essentielleren Tiefe heraus gelebt. Das Leben ist nicht mehr auf Gedeih und Verderb gebunden an Rollen und Rollenerwartungen, welche wiederum vom Zwang zur Anpassung oder Unterscheidung geprägt sind. In den Vordergrund rückt der Mensch in seinem Personsein, jenseits aller Zwänge, Anpassungen und Unterscheidung. Der Mensch in seiner Einmaligkeit und Einzigartigkeit, in seiner Gottebenbildlichkeit kommt im wahrsten Sinn des Wortes zum Vorschein. In den von der Quelle des Lebens geprägten Begegnungen weiß ein Mensch sich bei seinem Namen gerufen. Daher erwächst ihm aus diesen Begegnungen ein tiefes Vertrauen, welches die Angst zu versagen zum Versiegen bringt. Solche Begegnung lässt Beziehung gelingen.

11.

Meditieren mit (Berufs-)schülern auf dem Nährboden der Kontemplation bedeutet dann nicht in erster Linie über ein Objekt zu meditieren, das dem Schüler gegenüber gestellt wird. Der Gegenstand der Meditation wird die je eigene Person des Schülers, die sich hinterfragen lässt und einlässt auf das Hintergründige, das Urgründige des Lebens; die bereit ist, ein Spur hin zur Quelle des Lebens entdecken zu wollen; die sich einlässt, das Leben zu erspüren im jeweiligen Augenblick auf die unterschiedlichsten Weisen; die bereit ist, das eigene Denken, das eigene Weltverstehen mit neuen Erfahrungen, eigenen und fremden, zu konfrontieren und zu überdenken; die bereit ist eigene Schritte zu wagen, einen Weg ins Leben zu gehen, wobei ein Weg gehen etwas anderes ist, als vorgegebene Straßen zu befahren.

Wie aber kann eine solche Bereitschaft, die nicht vorausgesetzt werden kann, erzeugt werden?

Es gilt eine Stärke, welche Kindern im Übermaß noch zu eigen ist, in den Schülern wieder wachrufen: Die Neugierde.

Wie aber die Neugierde wachrufen? Es geht nur über die eigene Begeisterung, das eigene Lebenszeugnis, welches von Offenheit und Freude gekennzeichnet ist, dann wenn die Quelle des Lebens das Leben prägt. Ich kann bei meinem Gegenüber nur das wachrufen, was in mir selbst wach ist. Wenn die Quelle des Lebens das Leben prägt, schwingt in der Begeisterung des Lehrers jener Geist mit, den Jesus verheißen hat, der Geschenk ist und niemals eine Leistung des Lehrers. Dieser Geist Gottes, der alles Leben durchwirkt, ruft im Schüler eine Resonanz hervor, die ihn neugierig macht. Neugierig worauf? Neugierig auf das, was sein Leben ist, denn in dieser Resonanz kommt im Schüler das Leben in seiner Wesentlichkeit in Schwingung. Der Schüler wird neugierig auf das, was seine Sehnsucht wirklich und seit je her ist, die Sehnsucht nach dem eigenen Sein, nach der Erfahrung „Ich bin". Die Erfahrung „Ich bin" gibt Sinn. Und wenn sie nicht nur ein Scheingebilde des Ego/des Ich ist, sondern im Selbst, im Sein des Menschen gründet, dann gibt sie so viel Sinn, dass sich Zufriedenheit und Genügsamkeit einstellen. Es stellt sich die Freude ein, einfach zu sein – mit anderen zu sein – und die Begeisterung das Leben durch das eigene Leben zu gestalten – in jedem Augenblick neu.

„Dies klingt schön und wunderbar" werden jetzt sicher einige sagen, „aber der Schul- und Lebensalltag, wie ich ihn erfahre, ist ein anderer". Dies ist aus der Sicht und dem Erfahrungshintergrund derer, die dies sagen, auch in keiner Weise zu bestreiten. Und dennoch nimmt dieser Einwand nicht das Geringsten von der Sehnsucht nach dem „Ich bin", von der Sehnsucht sein zu dürfen, wachsen zu dürfen und sich entfalten zu dürfen.

Die Sehnsucht sehnt sich suchend nach etwas Verlorenem, welches da und doch verborgen ist. Dieses, wonach die Sehnsucht sehnend sucht, muss im Menschen schon da sein, es muss ihm schon gegeben sein, denn der Mensch kann sich nicht auf etwas beziehen, was nicht ist. Wäre es nicht, würde es dem Menschen auch nicht fehlen. Sehnsucht bezieht sich auf etwas Bestimmtes, welches, weil es bestimmt ist, auch bestehend ist und sie endet an dem Ort, an dem sie ihren Ausgang genommen hat. So endet die Suche des Menschen nach seinem „Ich bin", wenn er sich findet im „Bin", im Sein. Im Sein, in der Fülle des Lebens, in Gott findet er sich in der Kraft und dem Vermögen zu sein, zu werden und sich zu entfalten. Eine Kraft und ein Vermögen, die ihm seit Anbeginn zu eigen, aber in Vergessenheit geraten sind.

Wo Menschen sich gemeinsam in der genannten Weise auf die Suche nach ihrem „Ich bin" begeben, wo sie bereit sind, sich selbst in ihrem „Bin", in ihrem Sein zu finden, dort kann und wird sich eine Begegnung ereignen, die über die Personen hinaus ist – auch und gerade im Unterrichtsalltag. („Wo zwei oder drei in meinem Namen …").

Ein Schritt auf diesem Weg zur Fülle des Lebens kann sein, sich vom eigenen Atem in den Raum der Stille führen zu lassen, aus dem der Atem ist, d. h. in den Raum der Stille, in den der Ausatem sich verströmt und in dem der neue Einatem entspringt. Über diesen Raum der Stille kann der Mensch jener Dimension der Wirklichkeit gewahr zu werden, in der ein „Geschmack" der Quelle des Lebens vernehmbar ist.

All diese Worte aber bleiben graue Theorie, wenn sie nicht gelebt werden. Werden sie gelebt, stellt sich eine Unmittelbarkeit der Begegnung ein, eine Begegnung zwischen Lehrer und Schüler auf der Ebene des Seins, die erfüllt ist von der Lust und der Freude am Leben.

Als Frucht des kontemplativen Weges zeigt sich mir: Wenn der Unterricht in der Präsens des Augenblicks gelingt, wird er getragen von der Leichtigkeit des Seins. Lernen gelingt dann leichter, weil es frei wird von Widerständen und den Konflikte, die entstehen, wenn Rollen und Rollenerwartungen, verdeckt hinter Masken, sich begegnen. Jede Zeit wird zu meiner Zeit, denn im Jetzt ist mein ganzes Sein gegenwärtig und aktiv. Leben und Wissen und Erfahrung dürfen geteilt, dürfen mitgeteilt werden.

Der Raum zum Leben, den wir dem anderen gewähren, schränkt den eigenen (Frei-) Raum nicht ein, im Gegenteil. Der andere wird mir eine Bereicherung, welche meinen Lebens- und Erfahrungsraum erweitert. Lehrer und Schüler beginnen nicht nur sich selbst, sondern auch den je anderen zu erkennen. Im Erkennen aber stellt sich Liebe ein, die zentrale Botschaft Jesu Christi. Menschen, Schüler wie Lehrer, die diese Wirklichkeit zu erahnen, zu schmecken beginnen, beginnen zugleich ihr Verhalten zu ändern. Die eigene und die fremde Person können im Erkennen nicht mehr verletzt werden, weil sie im Erkennen auch geliebt sind. Wer diese Wirklichkeit zu erahnen, zu schmecken beginnt, wird bestrebt sein seinem Gegenüber einen Lebensraum zu eröffnen, in dem dieser sein darf und sich entfalten darf. Theologisch gesprochen: Das Gebot der Gottes- und Nächstenliebe und selbst das Gebot der Feindesliebe hören auf Gebote zu sein und beginnen sich in ein Lebenshaltung zu wandeln.

Nun will ich nicht sagen, dass jeder meiner Schüler einen Geschmack für diese Wirklichkeit bekommt. Manches Mal ist die eigene Achtsamkeit und Präsens zu gering und manche Prägungen, Verhärtungen oder Verletzungen, sowohl auf Seiten der Schüler, wie auch auf Seiten des Lehrers, sind für einen kurzen gemeinsamen Schulweg zu stark. Auch verlieren manche Schüler den Geschmack für diese Wirklichkeit wieder, wenn er übertönt wird durch andere „Speisen". Was aber trotz allen Schwierigkeiten überwiegt, ist die Freude über die Begegnungen, in denen das Leben mitschwingt.

Um diese Freude immer wieder kosten zu können, bedarf es des regelmäßigen Übens im „Sitzen in der Stille". Es ist nicht mit einem einmaligen Versuch, mit einem einmaligen Ausprobieren getan, wie bei manchen Unterrichtsmethoden. Es bedarf der täglich wachen Bereitschaft auf dem Weg der Achtsamkeit zu bleiben, wodurch der Lehrende immer auch Lernender bleibt – ein vom Leben Lernender.

Johannes Gather Dozent für Religionspädagogik, Katechetisches Institut des Bistums Aachen

Spuren des Religiösen (wieder-)entdecken
Unterrichtspraktische Beispiele zur religiösen
(Re-)Sensibilisierung von Berufsschülern

Die ursprüngliche Themenanfrage zu diesem Arbeitskreis lautete in Anlehnung an ein früheres Seminarthema „Mehr Religion im Religionsunterricht?". In dieser Formulierung verbirgt sich die Vermutung eines Mangels, eines Zuwenig an Religion im Religionsunterricht, dessen flächendeckende Berechtigung erst einmal einer sorgfältigen Überprüfung standhalten müsste. Sie klingt mir dann doch zu sehr nach administrativer Sorge darum, ob denn unsere Religionslehrer hinreichend ihrer Pflicht nachkommen, den christlichen Glauben und unsere religiösen Sinnangebote zum Thema zu machen. Außerdem weist die Beschreibung eines Mangels noch keine Perspektive auf. Die Idee von der religiösen (Re-)Sensibilisierung schien mir da schon treffender zu sein. Der Religionsunterricht in der Berufsschule kann für die Schüler zu einer Entdeckungsreise werden, bei der entdeckt werden kann, was verschüttet (worden) oder verschlossen (worden) ist. Viele meiner Schüler, Berufsschüler aus der Abteilung Maler und Lackierer, entdecken bei sich selbst im Laufe des Unterrichtsprozesses mannigfaltige Gedanken. Ihre Gedanken knüpfen an eigene biographische Ereignisse an, äußern Zweifel, fragen nach Sinnzusammenhängen, kritisieren oder drücken einfach nur Sprachlosigkeit aus. Sind die ersten Gedanken und Fragen erst einmal besprochen und erörtert, dann entstehen auch schon die nächsten. Mein Eindruck ist: Fängt man erst einmal an, den ersten Schutt, der über den persönlichen religiösen Spuren liegt, abzutragen, fängt man erst einmal an, die Türe zu ihren eigenen religiösen Spuren einen Spalt zu öffnen, dann kann Entdeckung des Religiösen geschehen. Für den einen Schüler handelt es sich vielleicht um ein Wiederentdecken, jetzt in einer neuen Lebenssituation aus einer neuen Perspektive, für den anderen Schüler ist es eine Neuentdeckung. Stefan Knobloch beschreibt in seinem lesenswerten Buch „Mehr Religion als gedacht – Wie die Rede von der Säkularisierung in die Irre führt"[1] die „Sensibilität für das Geheimnishafte des Lebens als Herausforderung an die Religion"[2]. Das Religiöse zu entdecken heißt das verborgene Geheimnis des Menschen zu bergen.[3] Vor diesem Hintergrund halte ich die religiöse (Re-)Sensibilisierung für eine wesentliche Aufgabe des Religionsunterrichts in der Berufsschule. Damit ist aber nicht gemeint, „einen satzhaften Dogmenbestand von außen an den Menschen heranzutragen"[4]. Es muss ein „kommunikativer Prozess" stattfinden, „in welchem sich Religion als Kommunikation erweist"[5]. In der Zeit, als Ewald Lienen Fußballtrainer beim 1. FC

---

[1] KNOBLOCH 2006.

[2] KNOBLOCH 2006, S. 101ff.

[3] Vgl. KNOBLOCH 2006, S. 119ff.

[4] KNOBLOCH 2006, S. 121.

[5] KNOBLOCH 2006, S. 122.

Köln war, hat er einmal in einem Interview gesagt, Ziel seiner Arbeit sei es, dass die Spieler ein Spiel immer besser lesen lernen. Eine analoge Zielformulierung für den Religionsunterricht könnte lauten: Die Schüler lernen das (ihr) Leben immer besser lesen. Das Lernziel könnte „Lebenstüchtigkeit" mit all ihren Dimensionen genannt werden.

Sensibilisierung (lat.: **sensus** – Empfinden) meint den Erwerb oder pädagogisch gesagt, das Erlernen einer Empfindsamkeit, die Verbesserung der Wahrnehmungsfähigkeit. Im medizinischen Sinne entsteht Sensibilisierung durch (wiederholte) Stimulierung und die Psychologie spricht von der Verbesserung der Reaktionsfähigkeit durch Reizwiederholung. Assoziiert man diese Qualitäten mit dem religionspädagogischen Handeln, so geht es um Reizung der Sinne, Informationen sinnlich aufnehmen, auswählen, neugierig werden, aufmerksam werden, genauer betrachten, gedanklich auseinandersetzen und durchdringen, einordnen in Bekanntes, auf neue Fragen und Informationsdefizite stoßen, kommunizieren, bewerten und beurteilen.

Was sagen Berufsschüler zu der Frage: „Was verbinden Sie mit Religion?"

„Bei vielen Kindern und Jugendlichen ist eine große Offenheit für religiöse Fragen, ein neues Interesse an der christlichen Botschaft und ein distanziert-unbefangenes Verhältnis zur Kirche festzustellen. [...] Oftmals ist ihr religiöses Interesse jedoch diffus und orientiert sich an einem vielfältigen religiösen und religionsähnlichen Angebot."[6] „Schülerinnen und Schüler zu einem begründeten Urteil in Glaubens- und Lebensfragen zu befähigen, gehört deshalb zu den anspruchsvollsten Zielen des Religionsunterrichts in der Schule. [...] Der Religionsunterricht kann dabei kaum auf religiöse Erfahrungen zurückgreifen."[7]

Zu Beginn eines neuen Schuljahres, wenn ich eine neue Klasse übernehme, lasse ich meine Schüler ihre Gedanken zu „Religion" äußern. Ich mache keine Themenabfrage und Themenabstimmung nach Mehrheitswahlrecht, denn die Themen die von den Schülern genannt werden, entstammen in der Regel ihrem Religionsstunden-Ich[8]. Das heißt, sie vermögen keine anderen Themen zu formulieren als solche, die sie entweder bereits in früherem Religionsunterricht behandelt haben und die sie dort ganz interessant fanden oder sie nennen Themen, von denen sie meinen, dass „man sie macht" oder von denen sie einmal gehört haben, dass sie ganz okay sind. Das, was sie zunächst nur nennen könnten und mir, einer ihnen noch unbekannten Person, sagen würden, sind eigentlich nicht Themen (und schon gar nicht ihre eigenen), sondern es sind lediglich Sachtitel, die nicht unbedingt einen persönlichen Bezug zu ihnen selbst haben müssen. Den persönlichen thematischen Bezug herauszufinden ist die erste und gar nicht so leichte Aufgabe des Religionslehrers. Das gehört zu seinem religionspädagogischen und themenzen-

[6] DBK 2005, S. 15.

[7] DBK 2005, S. 14f.

[8] HEMEL 1991.

Johannes Gather

Spuren des Religiösen (wieder-)entdecken
Unterrichtspraktische Beispiele zur religiösen (Re-)Sensibilisierung von Berufsschülern

12.

trierenden Kerngeschäft. Also gebe ich mir und Ihnen zu Beginn des Schuljahres zuerst einmal Zeit, freie Gedanken zu „Religion" zu assoziieren und ich sehe es als meine Pflicht als Leiter der Veranstaltung „Religionsunterricht" an, mit viel Feingefühl (Sensibilität) aus dem Gesagten und dessen Subtext mögliche Themen herauszufiltern.

Hier eine kleine Auswahl aus Schüleräußerungen zu der Frage „Was verbinden Sie mit Religion?" Sie stammen aus einer Maler-Mittelstufe im Jahre 2005:

- Ich glaube schon an Gott, aber der ganze Humbug drumherum ist nicht mein Ding.
- Ich glaube irgendwie schon, dass da oben irgendjemand was richtet.
- Die Menschen brauchen vielleicht ein höheres Wesen – ich im Moment nicht.
- Ich glaube nur an das, was ich anfassen kann.
- Als Kind hab ich die Sachen geglaubt, die man mir erzählt hat. Heute finde ich es schwer, das so zu glauben.
- Ich glaube an Gott, was auch immer das bedeutet.
- Ich glaub' an Gott – irgendwie und immer wieder mal ein bisschen.
- Ich kann mir gar nicht vorstellen, wie man an irgendjemanden glauben kann, der vermutlich gar nicht existiert.
- Musik ist meine Religion.
- Ich fand faszinierend, beim Weltjugendtag zu sehen, wie viele daran glauben.
- Hab' mit Religion und Gott absolut nix am Hut. Hab' keine Zeit dafür.
- Vielleicht gibt es ja so was wie 'nen Gott; ist mir aber im Moment nicht so wichtig; vielleicht im Alter mal.
- Religion interessiert mich nicht – aber mein Kind wird getauft.
- Ich glaub an Gott. Das ist ein Teil meines Alltags.
- Mir ist wichtig, dass ich sagen darf, ob ich an Gott glaube oder nicht.
- Viele Lehrer versuchen einen dazu zu bringen, dass man an Gott glauben soll.
- Mit Kindern würde ich so sprechen: Sie sollen an das glauben, was sie denken und nicht an das, was andere zu ihnen sagen.
- Ich habe mit der Zeit angefangen zu denken – und dann aufgehört zu glauben.
- Ich denke über Religion, dass es ganz interessant sein kann.
- Religion interessiert mich nicht wirklich, denn für mich ist es nur ein Glauben.
- Jeder sollte seine Religion frei wählen dürfen.
- Die katholische Kirche ist mir zu fromm und zu widerspruchsvoll.
- Jedem das Seine. Im Endeffekt hat jeder seine eigene Meinung zu Religion.
- Der Mensch braucht ein höheres Wesen, an das er sich wenden kann, wenn er mit seinen Problemen nicht mehr weiter weiß.
- Der Mensch sucht in seinem persönlichen Glauben und in seiner Religion Kraft und vor allem Mut.

- Leider gibt es zu viele Menschen, die Religion missverstehen und sie missbrauchen.
- Ich glaube, dass Religion für jeden etwas anderes bedeuten kann und etwas anderes sein kann.
- Ich finde, Religion sollte so etwas sein, das einem Selbstsicherheit, Mut und Kraft gibt.
- Religion sollte einem Menschen dabei helfen, sich selbst besser verwirklichen zu können.
- Von der herkömmlichen Religion halte ich nicht viel, da sie mindestens so viel Schlechtes wie Gutes bewirken kann.
- Jeder Mensch muss seine eigene Einstellung herausfinden.
- Ich würde Kindern die Geschichte von Gottes Kreuzigung erzählen und dass es arme Menschen gibt und dass die Menschen sich gegenseitig helfen sollen.
- Jesus ist nicht mit einem Benz gefahren.

Beobachtungen aus den ersten Stunden einer neuen Klasse:
Meine Schülerinnen und Schüler

- äußern zu Beginn eines Schuljahres nur ganz verhalten ein irgendwie diffus geartetes Interesse an Religion,
- tun sich schwer im Formulieren von religiösen Fragen und Wissenslücken,
- wirken in Bezug auf Religion blockiert, weil sie nicht wissen, was sie erwartet (und das obwohl – oder vielleicht gerade weil – sie schon eine lange RU-Zeit hinter sich haben),
- wissen sehr genau, dass sie oft aus einem Halb- (manchmal auch Un-)wissen heraus kritisieren und urteilen,
- sind nur sehr eingeschränkt fähig, Sinnbilder für die unsichtbare Lebenswirklichkeit (das Geheimnishafte des Lebens) wahrzunehmen, zu verstehen bzw. für sie eine Sprache zu finden,
- benötigen eine Seh- und Sprachschule für die hintergründigen Dimensionen des Lebens (Symbolerschließung).

Bei der Themengestaltung geht es mir dann auf der Grundlage solcher Gedanken darum, dass religiöse Sensibilisierung meiner Schüler auf die Förderung von Wahrnehmungskompetenz, von Wissen und Kenntnissen, von Sprachkompetenz und von Denk- und Argumentationsfähigkeit in religiös-weltanschaulichen und ethischen Fragen zielt. Didaktische Leitprinzipien eines sensibilisierenden Unterrichts, denen ich zu folgen versuche sind u. a.

Johannes Gather

Spuren des Religiösen (wieder-)entdecken
Unterrichtspraktische Beispiele zur religiösen (Re-)Sensibilisierung von Berufsschülern

12.

- Ernstnehmen der Schülerinnen und Schüler
- Lernen mit Kopf und Herz (ggf. auch mit Hand)
- Förderung von Selbständigkeit
- Respekt vor der Freiheit des Denkens, Urteilens und Handelns

„Schülerinnen und Schüler werden dann erfolgreich lernen können, wenn sie davon überzeugt sind oder werden, dass das, was sie lernen sollen, auch tatsächlich wert ist, gelernt zu werden."[9]

[9] DBK 2005, S. 17.

Unterrichtspraktische Beispiele zur religiösen (Re-)Sensibilisierung von Berufsschülern

Im Folgenden einige Themen, die in meinem Unterricht auf diesem Wege entstanden sind. Statt einer umfassenden didaktischen Beschreibung aller Themen seien hier in diesem Rahmen die ersten beiden jeweils exemplarisch erläutert:

1. „Von der Sehnsucht nach dem Unerschütterlichen": Mythen, Kult und Rituale
2. „Wie die Menschen und Gott zusammenkamen": Wovon die Bibel erzählt.
3. „Die vier Elemente Feuer, Wasser, Luft und Erde ": Symbole verstehen lernen
4. „Passion und Auferstehung": eine Arbeit mit Bildern von Alfred Manessier
5. „Geiz ist gottlos": „TransFair" und gerechter Handel
6. „Sterben, Tod, Trauer": Die Grabeskirche St. Josef in Aachen

Zu 1: „Von der Sehnsucht nach dem Unerschütterlichen": Mythen, Kult und Rituale

Als der Fußballverein Borussia Mönchengladbach, zu dessen Anhänger ich mich bekenne, vor einigen Jahren sein neues Stadion eröffnete, wurde eine große „Prozession" durch die Stadt inszeniert. Man transportierte, begleitet von vielen Fans, von Fangesängen und von Fahnen ein Stück des Rasens aus dem alten Stadion in das neue Stadion und pflanzte es dort ein. Eine Veranstaltung, die mich doch stark an eine Fronleichnamsprozession erinnerte. Die Aktion stand unter dem Motto „Der Mythos zieht um" und hatte quasi-liturgische, religionsförmige Züge. Offenbar gibt es ein Bedürfnis danach. Dieses und ähnliche Phänomene galt es im Religionsunterricht genauer zu beschreiben und zu untersuchen. Es ging um säkulare, religionsförmige und religiöse Kultstätten, Rituale, Symbole sowie deren Sinn und Bedeutung im Allgemeinen und um christliche im Besonderen. Es ging um Feiertage sowie ihren Sinn und ihre Bedeutung. Es ging um Märchen, Legenden und Erzählungen der Bibel. Es ging um den Spruch „Gott schütze das Handwerk", den die Schüler später bei der Lossprechungsfeier hören würden. Was meinen Menschen, wenn sie „Gott" sagen? Es galt, die unterschiedlichen Sinnschichten in Bild und Sprache wahrzunehmen und unterscheiden zu können und (hoffentlich) zu dem

Schluss zu kommen: Es ist nicht alles gleich-gültig. Hier ist Entscheidung gefragt, hier gilt es bei dem Wahnsinn mit der Religion, den Sinn vom Wahn zu unterscheiden.[10]

[10] Frei nach dem Kölner Religionspädagogen HANS JOACHIM HÖHN.

Zu 2: „Wie die Menschen und Gott zusammenkamen": Wovon die Bibel erzählt

Wenn überhaupt, kennen meine Schüler Einzelgeschichten aus der Bibel. Dieselbe Erfahrung mache ich auch mit meinen Kommunionkindern (und sogar deren Eltern) in der Katechese. In diesem Projekt geht es mir darum, den großen Bogen, der sich über die Geschichten der Bibel spannt, so knapp und verständlich wie möglich zu erzählen und sie als Bilderbuch zu gestalten. Die Schüler sollen also zu den einzelnen Abschnitten des von mir entworfenen Textes Bilder malen, abstrakte Bilder, den Text in Farbe umsetzen. Bei der Durchführung nahm ich wahr, dass dieses Projekt zunächst mit großer Skepsis seitens der Schüler begonnen wurde, dann aber eine immer intensivere Dynamik gewann. Die Schülerinnen (Schauwerbegestalterinnen) haben zu Ihrem Berufsschulabschluss schließlich je ein Bilderbuch mit ihren Bildern als Erinnerung erhalten und waren sehr stolz und froh über dieses Geschenk.

Der Text:

1. *Dieses Buch erzählt dir davon, wie die Menschen und Gott zusammenkamen. Seitdem es Menschen auf der Welt gibt, denken sie nach und fragen:*
2. *Woher kommt die Welt? Wie ist sie wohl entstanden? Was war vor uns? Was ist, wenn es uns nicht mehr gibt? Woher kommen die Blumen, die Tiere, die Meere, die Steine, die Luft,...? Und irgendwann einmal kamen sie zu dem Ergebnis: Es muss irgendjemanden geben – irgendwelche Wesen –, die größer, mächtiger, anders sind als die Menschen und sie nannten sie GÖTTER.*
3. ***Die Menschen glaubten an viele verschiedene Götter, Gott der Bäume, Göttin der Liebe, Gott des Meeres, Gott der Nacht, Gott des Tages, Sonnengott, Gott des Todes, Mondgott, Gott des Krieges,... Sie versuchten Kontakt mit den Göttern zu bekommen, beteten sie an und machten ihnen Geschenke. Die Menschen glaubten, dass die Götter sie dafür belohnen würden. Auch Menschen und Tiere wurden als Opfergaben getötet, weil die Menschen glaubten, dass es den Göttern gefallen würde.***
4. *Vor etwa 4000 Jahren lebte ein Volk, das spürte, dass das so nicht richtig ist: Die Israeliten. Sie sagten: Wir können uns die Götter nicht so nehmen, wie es uns gerade passt und überhaupt: Das mit den vielen verschiedenen Göttern ist Quatsch und führt nur zu Streit. Und sie sagten: Wir glauben an einen Gott, der immer schon da war, der uns das Leben und die Welt geschenkt hat, der will, dass wir in Frieden miteinander umgehen und dass wir gut umgehen mit*

Johannes Gather

Spuren des Religiösen (wieder-)entdecken
Unterrichtspraktische Beispiele zur religiösen (Re-)Sensibilisierung von Berufsschülern

der Welt, mit der Natur, mit den Menschen, mit allem, das lebt, der immer da ist und uns lieb hat.

5. Und sie nannten ihn „JAHWE", das heißt: „Ich bin da". Sie erzählten sich viele Geschichten von Jahwe, ihrem Gott und davon, was sie mit ihm erlebten. Und sie schrieben vieles davon auf: Die Bibel – Erstes (Altes) Testament

6. Die Israeliten glaubten fest daran, dass Gott ihnen ganz nah ist. Als nach vielen hundert Jahren ein Mensch mit dem Namen JESUS bei ihnen lebte, merkten sie: Wenn Jesus bei uns ist, fühlen wir uns unserem Gott so richtig nah, Jesus ist fast wie Gott. In dem Land, wo Jesus wohnte, regierte aber der römische Kaiser, der sich selbst für so etwas wie Gott hielt. Er konnte Jesus nicht leiden. Und viele Priester und Schriftgelehrte waren über Jesus empört, weil er ihre Gesetze und ihre Lehren in Frage stellte. So kam es, dass die Soldaten Jesus töten sollten, weil die Menschen mehr auf Jesus hörten als auf den Kaiser und die Gesetze. Jesus wurde gekreuzigt. Seine Freunde waren traurig. Sie fühlten sich einsam. Ihre ganze Hoffnung war weg.

7. Doch nach ein paar Tagen merkten immer mehr Leute: Es ist etwas Unglaubliches geschehen: Jesus lebt – irgendwie!!! Ein paar Freunde haben ihn gesehen und sogar mit ihm gesprochen. Es war fast so wie früher. Die Freunde haben sich von jetzt an regelmäßig getroffen. Sie haben von Jesus erzählt, von dem, was sie mit ihm erlebt haben und was sie von ihm gelernt haben. Und sie haben miteinander gegessen und getrunken – Brot und Wein – , so wie Jesus es kurz vor seinem Tod mit ihnen gemacht hat.

8. Immer, wenn sie das machten, spürten sie Jesus ganz nah bei sich und sie fühlten sich dann auch wieder ganz nah bei GOTT und sie riefen und sangen: Jesus ist nicht tot. Jesus lebt weiter. Durch Jesus sind wir Gott ganz nah. Einige schrieben deshalb etwas von dem auf, was sie von Jesus mitbekommen haben oder was andere ihnen erzählt haben: Die Bibel - Zweites (Neues) Testament

9. Sie nannten Jesus auch CHRISTUS. Das heißt Gesalbter. Sie nannten ihn so, weil sie ihn besonders verehrten. Seitdem haben sich auf der ganzen Welt „Christus-Gemeinden" gebildet. Und viele Christen treffen sich auch heute noch und erzählen von Gott und Jesus und essen und trinken miteinander, wie damals Jesus mit seinen Freunden, Brot und Wein.

10. Und sie haben einen Traum von einer besseren Welt, von einem glücklicheren Leben, von einem friedlicheren Zusammenleben in der Welt. Eine solche „Traumwelt" nennen sie Reich Gottes. Und sie glauben, dass es Wirklichkeit werden kann.

Johannes Gather 2003

Exemplarisch zwei Bilder zu Abschnitt Nr. 5: Sie beschreiben zwei unterschiedliche Gottesbilder, über die wir lange diskutiert haben. Wir befanden, dass beide Gottesbilder ihre Gültigkeit haben. Das eine drückt die konzentrische Mitte Gottes („Gott ist Alles in Allem") aus, das andere die All-Gegenwart Gottes unter den Menschen und in der Welt.

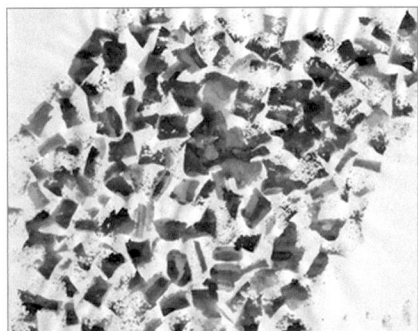 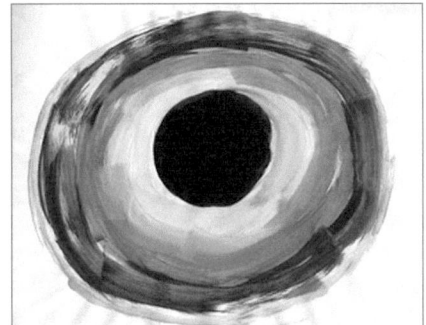

Die Erfahrungen in meinem, nein: unserem Religionsunterricht in der Berufsschule, denn die Schüler sind ebenso wie ich Akteure und Mitgestalter der Unterrichts, jeder in seiner Rolle, zeigen immer wieder, dass Religion uns etwas zu sagen hat, sie besitzt einen eigenen, für heutige Menschen durchaus greifbaren Wert. Wir müssen uns nur davon erzählen, gegenseitig, und nicht einseitig belehren, aber dennoch mit Information unterfüttern. Für mich bewahrheitet sich dann immer wieder der Gedanke von Hans Joachim Höhn, dass die Religion „sogar ihr säkularisierungsbedingtes Ende überlebt": „Das die Moderne selbst einmal von der Religion ganz loskommen könnte, gehört offensichtlich zu den Illusionen, von denen sie loskommen muss."[11]

[11] HÖHN 2006.

Literatur

HEMEL, ULRICH (1991): Das Religionsstunden-Ich. Handicap oder Chance für den Religionsunterricht. In: Religionspädagogik an berufsbildenden Schulen 23 (1991) 3, S. 67-71.

HÖHN, HANS JOACHIM (2006): Postsäkular. Gesellschaft im Umbruch – Religion im Wandel, Paderborn 2006.

KNOBLOCH, STEFAN (2006): Mehr Religion als gedacht – Wie die Rede von der Säkularisierung in die Irre führt, Freiburg – Basel – Wien 2006.

SEKRETARIAT DER DEUTSCHEN BISCHOFSKONFERENZ (Hrsg.): Der Religionsunterricht vor neuen Herausforderungen. [Die Deutschen Bischöfe, 80], Bonn 2005. (Zitiert als DBK 2005).

Ausstellung der GBS Nordhorn
„Eine leuchtende Sonne als letzten Gruß"

Projekt: „Wenn die Wiege leer bleibt.", Beispiel für lernfeldorientiertes Arbeiten in einer Tischler-Grundstufen-Klasse, BGJ-Holztechnik
Verantwortlich: OStR Michael Weckenbrock

Der Anfang

Das Projekt „Wenn die Wiege leer bleibt" entstand schon Ende 2003, als durch Zufall der Krankenhaus-Seelsorger Ludger Pietruschka vom Marienkrankenhaus in Nordhorn und der Theorielehrer im Fachbereich Holztechnik der GBS Nordhorn und Religionslehrer Michael Weckenbrock bei einer privaten Feier zum Gespräch aufeinander trafen und sie sich über ihre beruflichen Tätigkeiten austauschten.

Schnell kam man auf Religion und Religionsunterricht zu sprechen und auf ein Problemfeld des Krankenhaus-Seelsorgers Pietruschka, der immer wieder mit dem Schmerz der Eltern von Totgeburten zu tun hatte, deren Kind oder Kinder als nicht bestattungspflichtig gelten, wenn sie unter 500 Gramm wiegen. Die „Entsorgung" in Schachteln wurde als grausam für die Eltern und alle anderen Beteiligten empfunden und Herr Pietruschka suchte nun nach einer besseren und würdevolleren Lösung.

Da eine speziell für diese Beerdigungen geschaffene Grabstelle als Anlaufstelle für die trauernden Eltern auf dem Nordhorner Deegfeld-Friedhof neu eingerichtet worden war, musste nun nur noch eine bessere Lösung für die Spanplattenkisten oder Schachteln gefunden werden.

Im Gespräch mit seinen Kollegen im Fachbereich Holztechnik fand Michael Weckenbrock schnell weitere Interessierte und Mitstreiter und so nahm das Projekt Ende 2003 seine konkrete Gestalt an.

Das Projekt wurde erstmalig den Schülern der BGH-3 vorgestellt. Das Thema Leid und Sterben wurde in mehreren Unterrichtsstunden allgemein und auch speziell zu der Problematik der Totgeburten behandelt. Religionslehrer und Krankenhaus-Seelsorger arbeiteten Hand in Hand zusammen mit den interessierten Schülern. Ein Auftrag über den Entwurf, die Planung und Fertigung von Kleinst-Kinder-Särgen in vielen unterschiedlichen Formen und unter Verwendung von Farben und Symbolen wurde im Theorie- und Praxisunterricht den Schülern unterbreitet.

Stark sensibilisiert durch die Thematik im Religionsunterricht und dem damit verbundenen Besuch des Deegfeld-Friedhofes in Nordhorn, machten sich die Schüler an die Entwurfsarbeit.

Sie planten die unterschiedlichsten Formen, die fachlich korrekten (Kasten-)Eck-verbindungen, die Verwendung unterschiedlicher Holzsorten und Materialien, kal-kulierten den Zeitaufwand und legten die Arbeitsabläufe fest.
Mit fachlicher Unterstützung der Fachpraxislehrer Vinzenz Tebbel und Wilhelm Ro-ters entstanden nach und nach die kleinen Särge. Mit großer Sorgfalt und hohem Engagement der Schüler konnten die Särge bis Mitte März 2004 fertig gestellt und dem Marienkrankenhaus dann übergeben werden.
Schüler und Lehrer sind seither im wahrsten Sinne des Wortes begeistert von die-sem Projekt. Seit März 2004 ist auf Grund der Erfordernisse das Projekt schon zwei Mal wiederholt worden. Spätestens im 2-Jahres-Rhythmus werden immer wieder neue Kleinst-Kinder-Särge für das Marienkrankenhaus gebaut.

Erfahrungen
„ Ich könnte ein Kreuz in den Deckel einfräsen". Fabian beschreibt seine Idee nicht nur mit Worten. Er malt sie mit schnellen Kreidestrichen gleich an die Tafel. Auch seinen Mitschülern im Berufsgrundbildungsjahr (BGJ) Holztechnik mangelt es nicht an Vorschlägen: Eine Rosette aus verschiedenen Hölzern, eine stilisierte Sonne, eine schützende Hand in hellem Holz.
Und die passt gut zu dem Objekt, über das sich die angehenden Tischler in der Holz-Werkstatt der Gewerblichen berufsbildenden Schulen in Nordhorn Gedanken ma-chen. Die jungen Männer entwerfen und bauen kleine Särge für Kinder, die viel zu früh und deshalb tot geboren worden sind. Das Nordhorner Marienkrankenhaus ist dankbarer Abnehmer.

„Wenn ein Kind nur noch tot auf die Welt kommt, stürzt für die Eltern eine Welt zu-sammen." Für Jungen und Mädchen mit einem Geburtsgewicht unterhalb von 500 Gramm besteht zwar keine Bestattungspflicht, aber Krankenhausseelsorger Lud-ger Pietruschka weiß sehr genau, wie wichtig trotzdem ein würdiger Abschied für die Angehörigen ist vor allem zur späteren Trauerbewältigung. „Wenn wir gemeinsam mit den Eltern einen Sarg richtig einsenken können, ist das für sie eine ganz wesent-liche Handlung", sagt der Pastoralreferent.
„Unsere Mittel sind allerdings begrenzt, wir können nur ganz einfache Schachteln zur Verfügung stellen. Das ist mir manchmal zu wenig", so wünscht sich Pietruschka für diese Kindersärge ganz neue Farben und Formen.
Deshalb entwickeln BGJ-Klassenlehrer Michael Weckenbrock, der auch Religion unterrichtet, und der Krankenhausseelsorger Ludger Pietruschka dieses Projekt.
Drei Monate lang befassen sich die 16- bis 18-jährigen Berufsschüler in ihrem ers-ten Ausbildungsjahr damit. Bis Ostern sollen die Särge fertig gestellt sein und dann dem Marienkrankenhaus übergeben werden.
Die praktische Arbeit, begleitet und unterstützt durch Fachpraxislehrer Vinzenz

Tebbel, ist nur eins von vier bis fünf Unterrichtsprojekten, aber diese Einheit fordert die Klasse besonders heraus.

„Wir kürzen die anderen Projekte etwas, damit wir hierfür etwas mehr Zeit haben", sagt der Fachbereichs-Kollege Ludger Fortmann, der genau wie die anderen Theorie- und Fachpraxis-Kollegen aus dem Fachbereich Holztechnik nach und nach in das wiederkehrende Projekt mit eingestiegen ist.

Als Ludger Pietruschka als Gast für einen Vormittag in die Schule eingeladen wird, hat die Klasse im Religionsunterricht gerade das Thema Organspende abgeschlossen. Der Krankenhausseelsorger spricht mit den jungen Männern über Leid und Sterben und besucht mit Ihnen das Grabfeld für totgeborene Kinder auf dem Deegfeld Friedhof. Er ist beeindruckt, wie offen und selbstverständlich sie mit dem Problemfeld umgehen. „Da kommt ein Feuer an Fragen, da gibt es wenig Scheu und Distanz".

Michael Weckenbrock beschreibt, wie dieses Thema die jungen angehenden Tischler berührt. „Nicht nur in den Religionsstunden kommen ganz persönliche Geschichten aus ihren Familien hoch. Und einige haben mich auch außerhalb der Schule darauf angesprochen und das Gespräch gesucht".

Das Vorhaben ist ein gutes Beispiel dafür, wie Lernen und Leben in einen Sinnzusammenhang gestellt werden können. In Schule und Unterricht ist ein ganzheitlicher Ansatz wichtig, mit Bezügen zum Alltag und zur Welt außerhalb des Klassenraumes. „Dann erreicht man auch diese direkte Betroffenheit. Und die wollen die jungen Leute nicht leugnen. Sie reden nicht locker über das schwierige Thema hinweg. Nicht nur wenige wissen um die Gefühle trauernder Eltern aus der Verwandtschaft und erzählen ihren Schulkameraden davon. Die Auszubildenden hören aufmerksam zu, ohne verlegenes Lächeln oder platte Bemerkungen.

Wie sie selbst das Projekt finden?

„Erst mal war ich geschockt", sagt Tim ehrlich, „dass wir einen Sarg bauen sollen, wo später ein Mensch drin liegen soll. Aber jetzt finde ich es gut. Das ist eine sehr sinnvolle Arbeit." Ganz ernsthaft macht er sich mit den anderen Gedanken, wie ein Sarg für ein totgeborenes Kind aussehen könnte. „Auf keinen Fall soll das so ein Standardding sein".

Auftrag Lernsituation 1.2.1
Planungs- und Arbeitsgrundlagen „Kindersärge" entwickeln (Planungsunterricht)

Stunde	Handlungs-schritt	Stundenziel(e) Die Schüler/innen...	Wesentliche Inhalte	Methoden, Medien, Bemerkungen
	Informieren	...erfassen die Ausgangslage.	Beisetzung nicht be-stattungspflichtiger Kinder (Religionsun-terricht)	1. Fachvortrag des katholischen Kran-kenhausseelsorgers 2. Ortsbegehung der Kindergrabstätte mit dem Krankenhaus-seelsorger.
	Analysieren	...erfassen die Aufgabenstellung. ... unterscheiden berufsbezogene und religionsbezogene Lerninhalte.	Analyse des Arbeit-sauftrages, Beschreibung des Ziels	schriftl. Arbeitsauf-trag, Plenum, GA
	Planen	... erschließen Infor-mationsquellen. ... planen das Vorge-hen und formulieren zu erarbeitende Lerninhalte.	Strukturieren der Informations-quellen, Fertigungs- und Zeitvorgaben, Arbeitsschwerpunkte	GA, Internetnutzung, Fachbücher, Fachzeitschriften von Holztechnik und Religion
	Entscheiden	... legen das Vorge-hen fest und nennen Arbeitsschwerpunkte in Fachtheorie und Fachpraxis.	Arbeitsschwer-punkte: Gestaltung der Sargdeckel und Korpuseckverbin-dungen (VH), Arbeits- und Zeitplan schriftlich fixieren	GA
	Ausführen	... verfassen in Klein-gruppen einen Arbeitsplan.	Arbeitsplan	AB, GA
	Ausführen	... präsentieren ihr Ergebnis im Plenum.	Arbeitsplan	PC, Beamer, OHP, Flipcharts
	Kontrollieren, Bewerten	... bewerten die Er-giebigkeit der Infor-mationsquellen. ... bewerten ihre Präsentation.	Protokoll, Mappen-führung	Projektmappe, Rücksprache mit dem Krankenhaus-seelsorger

13.

Steckbrief

Lernfeld 1.2 :	Kleinmöbel aus Vollholz herstellen
Zeitrichtwert :	Fachtheorie 120 Stunden / Fachpraxis 260 Stunden
Kindersärge :	32 Stunden / 70 Stunden

Werkstück / Produkt : Kindersärge	
Handlungs-bezug	Die Schüler im BGJ-Holztechnik sollen auf Bitte des Krankenhausseelsorgers des Marienkrankenhauses Kindersärge für nicht bestattungspflichtige Kinder bauen. Anlagen : 1 Arbeitsauftrag

Lernsituationen		Zeit: FT/FP
1.2.1	Planungs- und Arbeitsgrundlagen „Kindersärge" entwickeln	8/8
1.2.2	Gestaltung und Fertigung der Sargdeckel	4/8
1.2.3	Herstellen der Korpuseckverbindungen (VH)	16/42
1.2.4	Endfertigung und Übergabe an das Marienkrankenhaus	4/12

Angestrebte Kompetenzen	
1.2.1	PLU: Auftrag analysieren. Arbeitsauftrag, Arbeitsziele abklären. Arbeitsplan erstellen. Ergebnisse präsentieren. Projektmappe führen. Arbeitsmittel und –techniken auswählen. „Kunden"- und Fachgespräche führen.
1.2.2	Begründete Entwurfsauswahl vornehmen. Religions- und fachbezogene Informationen erarbeiten und problembezogen selbständig auswerten. Arbeitsverfahren auswählen und anwenden. Kooperativ zusammenarbeiten. Fertigungszeichnung (mehrere Ansichten) erstellen. Holzarten vergleichend auswählen.
1.2.3	Verbindungen unter gestalterischen (Sargform) und konstruktiven Aspekten erläutern. Gestalterische und konstruktive Entscheidung begründet treffen. Korpuseckverbindungen in mehreren Ansichten darstellen. Fertigkeiten zur Herstellung von Korpuseckverbindungen entwickeln. Korpuseckverbindungen auftragsbezogen auswählen und fertigen. Anreißtechniken anwenden. Werkzeichen im Korpusbau anwenden.
1.2.4	Geeignete Oberflächenveredelung wählen. Korpus fachgerecht verleimen. Selbstkontrolle vornehmen. Angemessene Präsentation bei der Übergabe durchführen.

Inhalte	
1.2.1	Informationsquellen erschließen und auswerten. Arbeitsschwerpunkte und Arbeitsablaufplan; Funktionalität, Maße, Gestaltung, Entwurfsskizzen, Merkmale verschiedener Holzarten, Dokumentation von Arbeitsprozessen (Projektmappe).
1.2.2	Aspekte der gestalterischen Wirkung der Sargdeckel. Zusammenhang zwischen religiösen Symbolen und Möglichkeiten der individuellen Fertigungsmöglichkeiten. Eigenschaften europäischer Holzarten.
1.2.3	Dreitafelprojektion und perspektivisches Zeichnen. Allgemeine Verfahren und Regeln zur Herstellung von Korpuseckverbindungen. Objektbezogene Auswahl und Herstellung von Korpusverbindungen (Abblattung, Fingerzinken, offene und halb-verdeckte Schwalbenschwanzzinkung, Schrägzinkung), Korpusverbindungen herstellen. Quell- und Schwundverhalten von Vollholz.

1.2.4	Korpusverleimung, Oberflächenveredelung mit ausgewählten Lacken, Umweltschutz- maßnahmen bei der Verwendung von Lacken, Bewertungskriterien f. Gestaltung und Fertigung „Kindersärge".

Der geborgte Stern

Es war einmal ein kleiner Stern,
der leuchtete am Himmel gern.
Doch gern wollte er auch mal die Erde erblicken
und ließ sich mit viel Schwung zu den Erdlingen schicken.
Alle waren ganz entzückt.
Die Ankunftsaktion war also geglückt!
Wenig Gramm verteilt auf kleine Länge -
oh je, was für eine schwache Menge.
Der kleine Stern war ganz betrübt,
hatte er sich schließlich so bemüht!
Mühe alleine genügte nicht,
das zeigte täglich dann das Licht.
Hilfen kamen von allen Seiten, sollten heilen und begleiten.
Aber Sternchen wollte lieber gehen
und an seinem alten Platz am Himmel stehen...
Zurück bleiben die Erdlinge und trauern,
aber gewiss ist,
Leuchtesternchen wird den Schritt niemals bedauern.

von Annette Simon, Autorin und Barbara Selle, Illustration

Prof. Dr. Albert Biesinger
Abschlussansprache und Dank

An diesem Tag möchte ich ausdrücklich unserem Team in Tübingen danken. Meinem Stellvertreter in der Leitung des Institutes Dr. Joachim Schmidt, der weit über das Übliche hinaus Vernetzungen in ganz Deutschland schaffen konnte, der mit hoher theologischer Kompetenz konkrete Projekte entwickelt und durchführt und der nicht zuletzt jede Woche selbst in einem Berufsbildungszentrum als Religionslehrer vor Ort unterrichtet und damit auch an unserem Institut entsprechende Ergebnisse einbringen kann.

Unsere Sekretärin, Frau Katharina Blondzik koordiniert die aus allen Teilen Deutschlands eingehenden Anfragen, Ideen und Perspektiven. In kurzer Zeit hat sie sich hervorragend eingearbeitet: Frau Blondzik auch Ihnen danke ich herzlich.

Besonders zu danken habe ich Herrn Oberstudienrat Michael Boenke, der die Unterrichtsreihe SinnVollSinn mit ganz außergewöhnlicher Kreativität und Verlässlichkeit entwickelt. Die Religionsbücher und DVD's, die Sie heute präsentiert bekommen, sind in unserem Team nur deswegen entstanden, weil Michael Boenke dies zu seinem wichtigen, persönlichen Anliegen gemacht hat und es mit großer Konzentration umsetzt.
Die Absatzzahlen zeigen, dass sowohl die Bücher als auch die DVD's an der Basis als hilfreich rezipiert und immer mehr im schulischen Alltag umgesetzt werden.

Herr Oberstudiendirektor Josef Jakobi, der bis zu seiner Pensionierung im Bischöflichen Schulamt der Diözese Münster gearbeitet hat und lange Jahre als Bundesvorsitzender des VKR aktiv war, ist uns die letzten Jahre als Fachdidaktischer Berater ein treuer und kritisch-konstruktiver Wegbegleiter geblieben. Seine Kontakte und Vernetzungen vor allem auch in die allgemeine Berufsbildung hinein sind für uns Gold wert. Auch dir lieber Josef Jakobi danke ich an dieser Stelle öffentlich ganz herzlich.

Frau Lueg vom Kösel Verlag in München ist dankenswerter weise hier zu unserem Kongress gekommen. Sie hat die Produktionen des Verlages dabei. Es war am Anfang für den Kösel Verlag sehr wohl ein Risiko, eine solche neue Reihe Religionsunterricht an berufsbildenden Schulen zu entwickeln – vor allem auch mit unserem hohen Anspruch, jeweils auch eine DVD zu integrieren.

Ich danke Ihnen Frau Lueg als der Zuständigen Lektorin für diese Unterrichtsreihe und dem Verlagsleiter Winfried Nonhoff vom Kösel Verlag auch an dieser Stelle herzlich.

Die wissenschaftlichen Hilfskräfte an unserem Institut haben in den letzten Monaten auf diesen Kongresstag hin intensiv gearbeitet. Ich freue mich, dass wir in einem kompetenten Team arbeiten können. Ganz besonders Frau Ulrike Stadel ist zu erwähnen, die sicher viele von Ihnen aus den Mailkontakten und Korrespondenz kennen. Auch Ihnen allen besten Dank.

Ein ganz besonderer Dank gilt der Leitung der hiesigen Schule, dem Theresianum, das uns Herr Studiendirektor Weiler vom Schulamt der Diözese Mainz als Tagungsort empfohlen hat.
Wir danken sehr für die Gastfreundschaft und Ihnen Herr Oberstudiendirektor Schmid wünschen wir für die Weiterentwicklung Ihrer Schule Gottes Segen und Erfolg. Als kleine Gegengabe werde ich für die Eltern und das Kollegium Ihrer Schule heute Abend einen Vortrag zum Thema halten „Wer heute die Augen schließt, wird morgen große Augen machen. Wie Werteerziehung und religiöse Bildung zukunftsfähig machen" auch darauf freue ich mich. Ihnen und allen die, von Ihrer Schule aus zum Gelingen dieses Tages sowohl in der Logistik als auch in der Kantine mitgeholfen haben herzlichen Dank!

Am Ende dieses Tages möchte ich Sie noch einmal an die Gebetsschnüre der Mönche vom Berg Athos erinnern, die wir heute morgen aus der Hand von Prior Pausch erhalten haben. Ich wünsche uns, dass sie uns hilft, uns mit dem Himmel zu verbinden – und dass es Ihnen hilft, konkret und vor Ort an den berufsbildenden Schulen in der ganzen Republik Jugendlichen zu helfen, ihren ganz persönlichen Draht zum Himmel zu finden, zu verstärken und für ihr ganzes Leben zu behalten.

Ich wünsche Ihnen eine gute Heimreise. Bleiben Sie im Glück!